イラスト満載!

日本語教師のための

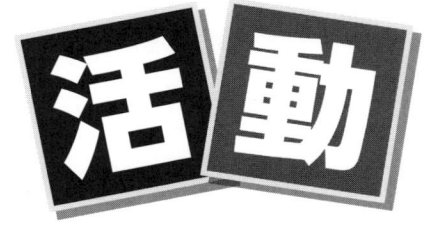
アイディアブック

楽しくて、
わかりやすくて、
役に立つ
授業作りのために

小山 悟 著

©2015 by KOYAMA Satoru

All rights reserved. No part of this publication may be reproduced, stored in a retrieval system, or transmitted in any form or by any means, electronic, mechanical, photocopying, recording, or otherwise, without the prior written permission of the Publisher.

Published by 3A Corporation.
Trusty Kojimachi Bldg., 2F, 4, Kojimachi 3-Chome, Chiyoda-ku, Tokyo 102-0083, Japan

ISBN978-4-88319-718-7 C0081

First published 2015
Printed in Japan

楽しく、わかりやすく、役に立つ授業のために

一生懸命教えているのに、なかなか上手にならない。

学習者が休みがちで、授業がなかなか先に進まない。

今の教え方でいいのか、本当はすごく不安だ。

みなさんは日本語を教えていてこのようなことを感じたことはないでしょうか？

　本書は主に、地域の日本語教室で教える先生方に向けて作成しました。本書で提案するのは、タイトルにもあるように**「楽しく、わかりやすく、役に立つ」**授業ですが、文型の積み上げを中心とした従来の方法とは少し異なるため、戸惑う方もいるかもしれません。ですが、

❶ 地域の日本語教室の実情に合い、
❷ 初心者にも教えることができ、
❸ 学習者に「休まず勉強に行きたい」と思ってもらえる授業

にするにはどうすればよいかと考えた末、辿り着いたのがこの方法でした。厳しい環境で日々努力されている先生方のお役に立てば幸いです。

著者より

付記　本書は地域の日本語教室で教える先生方を主たる対象にしていますが、ここで提案する**「活動」を中心とした教え方**とその手順は、**日本語学校や大学で教える先生方にも参考にしていただける**のではないかと思います。ぜひご一読ください。

目次

本書の特徴 6
本書の構成と使い方 10
付属CD・CD-ROMについて 15
文法項目と機能 16

UNIT 1 だれだっけ？ ＜人＞ 22
＊自己紹介カードを見て、どのカードが誰のものかを推理する

UNIT 2 持ち主はどんな人？ ＜持ち物＞ 30
＊かばんの中身を見て、持ち主がどんな人かを推理する

UNIT 3 旬の食材を使って ＜食べ物＞ 38
＊旬の食材を使って栄養バランスのいい献立を考える

UNIT 4 ここはどこ？ ＜場所＞ 46
＊携帯に送られてきた写真を見て、送り主がどこにいるかを特定する

UNIT 5 1週間のスケジュール ＜習い事＞ 54
＊1週間のスケジュールを作成する

UNIT 6 ダイエット計画 ＜健康＞ 62
＊適正体重を計算し、適正体重にするためにどうするか考える

UNIT 7 旅行に行こう！ ＜旅行＞ 70
＊1日乗車券を使って、日本の観光名所を訪ねる

UNIT 8 ネコの手も借りたい ＜日常生活＞ 78
＊時間内に用件を済ませるようスケジュールの調整をする

UNIT 9 日常のマナー ＜マナー＞ 86
＊日本のマナー・習慣について考える

UNIT 10 私は誰でしょう？ ＜生い立ち＞ 94
＊生年月日、出身地、職業などの情報をもとに、誰であるか考える

UNIT 11 暗号を解読せよ！ ＜言語＞ 102
＊日本語で書かれた暗号を読み解く

| UNIT 12 | これ、なあに？　<身の回りにあるもの> | 110 |

＊引いたカードに書かれた言葉に当てはまるものをどこまで言えるか競う

| UNIT 13 | 私はプロデューサー　<人間関係> | 118 |

＊プロデューサーとしてドラマの企画・立案をする

| UNIT 14 | どんなところに住みたい？　<生活環境> | 126 |

＊自分が住みたい町の環境をデザインする

| UNIT 15 | 違いを見つけろ！　<コーディネート> | 134 |

＊2枚のイラストを見比べ、どこが違っているかを見つける

| UNIT 16 | アウトドアを楽しもう！　<レジャー> | 142 |

＊物の値段を予想し、決められた予算内で必要な物を買う

| UNIT 17 | どちらがお得？　<価格> | 150 |

＊異なるサービスをしている店のどちらで買ったほうが得かを考える

| UNIT 18 | 街頭インタビュー　<感想> | 158 |

＊旅行などについて感想を聞いたり述べたりする

| UNIT 19 | どんなのがほしい？　<好み> | 165 |

＊色やデザイン、機能などについて自分の好みや希望を言う

| UNIT 20 | 憩いの場　<休日> | 173 |

＊いろんなサービスの中からその人に合ったものを選ぶ

本書の特徴

▶地域の日本語教室の実情に合った地域の日本語教室独自の教え方とは？

　私がこの教材を作ろうと思ったのは、地域の日本語教室の実情についていろいろ話を聞くうちに「これほど難しく、厳しい日本語教育環境は他にないのではないか」と思うようになったからでした。それは例えば以下の点です。

1　学習者がいつ教室に現れ、いつ来なくなるかわからないこと
2　学習者のレベルが様々で、母語もバラバラであること
3　学習の目的や意欲の点でも個人差が大きいこと
4　授業は週に1度、90分または120分というところが多いこと

　例えば、今日来た学習者が次回も休まず来るという保証がなく、代わりに新たな学習者が何の前触れもなく現れるかもしれないという状況では、事前に綿密な計画を立てて授業を行うことはできないでしょう。また、小規模な教室では学習者をレベル別に分けたり、漢字圏出身者と非漢字圏出身者を分けて教えるなどということも難しいでしょう。加えて、学習者の中には読み書きも含め基礎からしっかり勉強したいと思っている人もいれば、地域の人々との交流が主たる目的で、日本語は日常会話程度でいいと思っている人もいるかもしれません。それでいて、いっしょに勉強できるのは週に1度だけ。それもせいぜい120分。そのわずかな時間で学習者に学習の成果を実感させるのは至難の業ですし、実感できなければ長続きしないのも当然です。置かれた環境・条件が日本語学校や大学とは全く異なるのですから、同じような教え方をしてもうまく行かないかもしれません。

　では、地域の日本語教室の実情に合った地域の日本語教室独自の教え方とは具体的にどのようなものが考えられるでしょうか。それは前述の4つの問題点を裏返すことによって見えてきます。

1'　いつ誰が休んでも、誰が来ても、困らない教え方であること
2'　レベルの異なる学習者が共に学べる教え方であること
3'　学習の目的や意欲に差があっても、互いに不満なく学べる教え方であること
4'　週1回程度の授業でも、着実に進歩が実感できる教え方であること

▶学習者に「休まず勉強に行きたい」と思わせる楽しい授業

　まず重要なのは**学習者を休ませない**ことです。とはいえ、日本語学校や大学とは違い、毎週欠かさず授業に来ることを強制できませんから、**学習者が進んで来たくなるような楽しい授業**にすることが何よりも重要となります。では、私たちが何かを勉強していて楽しいと感じる時、あるいは時間が経つのも忘れてつい夢中になってしまう時とは、どんな時でしょうか。

例えば、初級者向けのどの教材にも載っている活動の１つに、家具の配置が一部異なる２枚の絵を別々の学習者に持たせ、「〜に〜があります」という文型を使って質問し合い、互いの絵の違いを見つけさせるというものがあります。決してつまらないわけではありませんが、時間が経つのを忘れてしまうほどかと言えば、それほどでもありません。一方、同じ間違い探しでも、新聞の日曜版などに載っているパズルはどうでしょう。少なくとも前者よりは面白いと感じられるのではないでしょうか。では、なぜ後者の方がおもしろいのか。それはおそらく前者ほど容易には答えがわからないからでしょう。すぐに答えのわかってしまうものや想像力をかき立てられないものに人はおもしろさを感じないのです。そこで本書では、誰もが「おもしろい」と感じるであろう学習の素材や課題を探すことを第一に考えました。

▶課題中心の授業：文型積み上げ式は地域の日本語教室にもっとも不向きな教授法

　もちろん、授業を楽しくするだけでは問題の根本的な解決にはなりません。病気や家庭の事情で休みたくなくても休まざるを得ないこともあるからです。では、そもそも学習者が休むとなぜ困るのでしょうか。

　例えば、先週の授業でテ形を導入したとします。ところが、その日学習者の１人が授業を休んだため、今日はテ形を使った新しい文型を導入しようと思っていたのに、その学習者のためにもう一度テ形の導入をしなければならない。そんな経験を皆さんもしたことがあるのではないでしょうか。現在市販されている初級者向けの教材はほぼ例外なく文型積み上げ式の教授法を採用しているのですが、この教授法は前の課で学習したことがきちんと定着しているという前提で次の課を学習する仕組みになっています。そのため、途中で誰か１人でも休むと先に進めないのです。そういう意味では「文型積み上げ式は地域の日本語教室にもっとも不向きな教授法」と言ってよいでしょう。

　そこで提案したいのは、授業を「存在文」や「比較」、「テ形」などの文型導入中心から「かばんの落とし主がどんな人かを推理する」や「旬の食材を使った献立を考える」などの**課題中心**に変え、**各課題で必要となる文型をその都度取り上げて練習する**という方法です。そして、「１日１課題」を原則とし、**その日の課題はその日のうちに完結させる**ようにするのです。そうすれば、途中で誰かが抜けても、またその逆に誰かが新しく入ってきても困ることはありません。

　また、授業を課題中心にすることで**レベルの異なる学習者がいっしょに学ぶこともできるようになります**。例えば、『みんなの日本語』を使って勉強している３人の学習者がいたとしましょう。Ａさんは日本語の勉強を始めたばかりで、Ｂさんは現在11課を学習中。Ｃさんは18課を勉強しています。この３人にそれぞれ自己紹介をさせたと想像してみてください。Ａさんは「私はＡです。会社員です。趣味は読書です」などと話せば十分でしょう。しかし、Ｂさんの場合には「ベトナムから来ました」（５課）や「姉が１人、弟が２人います」（11課）のように、出身や家族構成についても話してほしいところです。また、Ｃさんにはさらに表現と話題を広げて「病院で働いています」（15課）や「趣味は映画を見る

ことです」(18課)のように話すことを求めるでしょう。このように、課題中心であれば、それぞれのレベルに応じた目標を設定することによって、レベルの異なる学習者をいっしょに学ばせることができるのです。

▶文型は教師が「教える」のではなく、学習者に「学ばせる」

　しかし、そうは言っても、Cさんに辞書形を教えながら、一方でBさんに存在文を導入し、その合間を縫ってAさんのケアをするなどという離れ業は、誰にでもできるものではありません。そこで本書では文型の学習はプリントを使って個別に行うことにしました。プリントには英語と中国語で翻訳をつけてありますので、それを読めば**その文型の意味を理解できる**ようになっています。また、(全てではありませんが)各文型が『みんなの日本語』のどの課に出てくるかも示してありますので、英語と中国語以外の言語が母語の学習者も『みんなの日本語』の文法解説書を参考書として使えるようになっています。ですから、**みなさんが文型の導入をする必要はありません**。皆さんの仕事は、学習者の答えをチェックし間違いを訂正してあげることと、学習者の練習相手になってあげることです。

　なお、文法プリントでは、余力のない学習者が消化不良を起こさないように、最大公約数を原則とし、学習者全員に必要な練習だけを載せています。

▶教師の役割は学習を側面からサポートし、自立を促すこと

　文型の導入にプリントを使うのは、レベルの異なる学習者がいっしょに学べるようにするためという理由もありますが、それと同時に**学習者の自立を促す**という意味合いもあります。冒頭でも述べたように、地域の日本語教室の授業は週に1度だけ、それも90分から120分というところが多いようです。しかし、その程度の学習で本当に日本語が習得できるでしょうか。例えば、私の大学の大学院留学生対象の日本語コースは、90分授業を週3回行い、12週×3学期で初級が終わることになっています（総時間9,720分）。これと同じ時間数を週1回90分の授業で消化しようとすると108週、つまり約2年かかる計算です。今みなさんが教えている学習者の中に、毎週ほとんど休まず2年間通い続けている人が一体何人いるでしょうか。課題中心の授業で「1日1課題」を原則に、昨日までできなかった何かが毎回1つずつできるようになっていけば、**学習者に日々進歩を実感させることができます**から、これまでよりは長続きするかもしれません。ですが、それでも2年間休まず通い続けるのは並大抵のことではありません。

　ですから、重要なことは、何らかの事情で教室に来られなくなったとしても、**我々のサポートなしに自分でコツコツ日本語を学び続けられるようにする**ことであり、そのための手段として、**日常のあらゆる機会を日本語の学習に活かす術を身につけさせる**ことでしょう。それには、教師が学習者に手取り足取り丁寧に教えるのではなく、学習者自身が疑問を持ち、自分で考え、答えを導き出すよう、促すことでしょう。プリントを使った文型の自主学習はその第一歩と位置づけています。

以上が私の考える「地域の日本語教室の実情に合った地域の日本語教室独自の教え方」です。最初にも述べたように、文型の積み上げを中心とした従来の教え方とは少し異なるため、すぐには賛同してもらえないかもしれませんが、この後の「本書の構成と使い方」を読み、ぜひ一度やってみてください。今までとは全く違った手応えが得られると思いますし、学習者の反応もきっと変わるはずです。

　なお、本書のタイトルですが、いずれはみなさん自身がこのような楽しい活動を作れるようになってほしいという思いから、「活動集」ではなく「アイデアブック」としました。

本書の構成と使い方

全体の構成

○本書は学習者と教師、あるいは学習者同士が**対話を通して「学習」を作り出す**ことを狙いとしています。そのため、学習者用の教材には必要最小限の文字しかありません。イラストを見ながら課題に取り組む中で、学習者が表現したいと思ったことを表現するために必要な語彙・文型を順次学んでいきます。

○ただ、そのような（ある意味）場当たり的な方法では、学習は断片的にしか起こらず[注]、なかなか先に進みません。「緩やかな」積み上げはやはり必要で、各ユニットには「最低限この文型だけは学習してほしい」という**「到達目標」**がレベル別に示してあります。

> **注** 例えば、日本語には「〜らしい」「〜ようだ」「〜だろう」「〜かもしれない」などの推量を表す表現がありますが、これらは全て「〜と思う」で代用できます。もっと言えば、「〜と思う」でさえ「たぶん〜」で代用できてしまいます。ゆえに、これらの表現は意図的に学習しない限りなかなか習得されず、学習者はいつまで経っても「〜と思う」や「たぶん〜」で済ませてしまうでしょう。語彙も同様で、日常生活でよく使う語彙は覚えるかもしれませんが、頻度の低い語彙はなかなか覚えず、使い慣れた言葉だけで済ませてしまうかもしれません。

○また、その他に技能別の**「学習目標」**を「語彙」「産出」「理解」の3項目に分けて示してあります。

例．ユニット1の学習項目
- 個人の特定に必要な語彙（職業、趣味など）を覚える。【語彙】
- その人なりの言い方で友人や知人の紹介ができるようになる。【産出①】
- 与えられた情報をもとに個人を特定し、その人なりの言い方でその根拠を述べられるようになる。【産出②】
- 自己紹介を聞き、その人の名前や職業、趣味などについて聞き取れるようになる。【理解】

○ユニットは全部で20ありますが、**どこから始めても構いません**。学習者にとって役に立ちそうな、あるいは学習者が関心を示しそうなものから取り上げてください。

○ただし、日本語の学習をこれから始める**ゼロ初級者**の場合には、ユニット1から順に学習することをお勧めします。日本語という言語の特徴を最初に理解しておくことは、その後の学習を順調に進める上で非常に重要だと考えるからです[注]。

注 この点について言えば、『みんなの日本語初級Ⅰ』の文法提示順序は非常によく練られていると思います。よって、本書ではゼロ初級者が学習する文型の提示順序は『みんなの日本語』の1～13課に準拠させてあります。

○本書における学習者のレベル設定は以下のとおりです。

レベル	概　　要	みんなの日本語
0	これから日本語の学習を始める**ゼロ初級者**。	1～13課
1	**動詞の活用（辞書形やテ形など）の知識を必要としない文型**（名詞文、動詞文・形容詞文、存在文、比較など）を使って単文レベルで話せるようになることが目標。	
2	**動詞の活用（辞書形やテ形など）の知識を必要とする文型**（「～ています」、「～ことができます」など）を使って単文レベルで話せるようになることが目標。	14～20課
3	**普通形の知識を必要とする文型**（トキ節や条件節など）を使って**複文レベル**で話せるようになることが目標。	21課～
4	レベル1～3で学習した文型を組み合わせた発話ができ、話者の気持ちや態度によって類似の表現を使い分けられるようになることが目標。	

授業の進め方

○各ユニットは、「**レベルチェック**」、「**活動**」、「**リスニング**」の3つのパートから構成されています。

○具体的な手順とおおよその時間配分は以下のとおりです。時間内に終わらない時は「⑤リスニング」か「⑥応用」のどちらか、あるいは両方を省略して構いませんし、（同じメンバーが揃うのであれば）翌週に持ち越してもかまいません。

	90分授業の場合	120分授業の場合	
①レベルチェック	15分	15分	必須
②活動（1回目）	30分	30分	⇩
③プリント学習	15分	15分	⇩
④活動（2回目）	15分	15分	⇩
⑤リスニング	15分	15分	選択
⑥応用	—	30分	⇩

①**レベルチェック**：学習者のレベルチェックと語彙の確認を行います。

○レベルチェックについては、最初にイラストを見ながらレベル1の文型を使って話すよう学習者に促し（具体的な方法は本文参照）、できなかった学習者は「レベル0または1」と判定します。できた学習者には次にレベル2の文型を使って話すよう促し、これもできれば次のステップへ、できなければ「レベル2」と判定します（以後、同様）。

○語彙については、イラストを見ながら、「学習目標」に掲げられている語彙（ユニット1で言えば、職業と趣味に関する語彙）を中心に確認するようにします。

②**活動（1回目）**：英語または中国語で書かれた指示を読み、グループで活動させます。

○ここでは言語自体の学習よりも学習者に自由に考えさせることを重視し、必要な文型や語彙を先に教えることはしません。学習者の方から求めてきた場合のみ教えるようにしましょう。

○ユニットによっては、活動中、学習者が話に夢中になり、日本語ではなく母語で話し合ってしまうかもしれませんが、それでも構いません。

○レベル0の学習者は活動に必要な文型・語彙をまだ勉強していないので、筆談やジェスチャー、時には媒介語を交えつつ、どうにか自分の考えを伝えられれば十分です。もちろん、学習が進めばレベル1の学習者と同じように対応します。

> ⚠️ **個人レッスンの場合の注意点**
> 1. 既に答えを知っていたとしても、知らない振りをして、学習者と対話しながらいっしょに考えましょう。
> 2. 学習者が想像力を膨らませられるよう、学習者とは違った視点を提供するなど上手にリードしてあげてください。
> 3. 対話中、文法的な誤りを含んだ発話が数多く観察されると思いますが、それらの修正は最低限に留め、意味不明な部分は聞き返すなどして、学習者が言わんとすることをできるだけ汲み取ってあげてください。

③ **プリント学習**：到達目標に掲げられた文型の学習と語彙の整理をします。

○ 文型を導入する必要はありません。解答を終えたところで答えをチェックし、間違いがあれば、直してあげてください。

○ 学習者には自分が書いた答えを音読させるようにしましょう。

④ **活動（2回目）**：プリントで学習した文型を使ってもう一度話させます。

○ 今度は内容と文型の両方を意識して話させるようにし、プリントで学習した表現が使えていなかったり、使い方が間違っていた時は訂正するようにしましょう。

⑤ **リスニング**：ナチュラル・スピードの会話を聞いて質問に答えさせます。

○ レベル0やレベル1の学習者には当然聞き取れませんが、それでもどうにか語彙を拾い、最低限必要な情報は得るという作業には慣れておくべきでしょう（一歩教室の外に出れば、それが日常ですから）。

○ 質問はレベル0とレベル1の学習者を対象に作成してあります。レベル2以上の学習者には「質問の例」を参考に、より細かな部分まで聞き取らせるようにしましょう。

⑥ **応用**：ユニットのテーマに関連した話題を提供し、活動を拡げます。

○ 本書に載っている話題以外にも学習者が興味を持ちそうな話題があれば、文型のことはあまり考えず、おしゃべりの種として提供してください。

効果的な学習のために

○学習者にこの授業専用のノートを作らせ、質問したり、辞書で調べたりした事柄を書き留めさせるようにしましょう。何ヶ月か前に書いたページを読み返すことで、「あのころはこんなこともわからなかったけれど、今はこんなことまでできるようになった」と、その間の進歩を実感できるからです。

○学習者1人1人の学習記録を作りましょう（⇨付属CD-ROM）。学習の終わったユニットの欄に授業担当者がはんこを押すようにすれば、誰が何を学習済みか一目瞭然ですし、空欄が徐々に埋まっていくのは、学習者のモチベーションを高める効果も期待できます。

○小学校の計算ドリルのように1日10分程度でできる宿題を出すと、学習のペースメーカーになります。また、学習の終わったユニットについて、少し時間をおいてから会話テストをするようにすると、学習者の自宅学習を促す効果が期待できます。

○授業の始まりと終わりの作業を毎回同じにすると、授業が引き締まります。例えば、授業の最初に毎回語彙の書き取りテストをし、最後にその日学習した文型のディクテーションをするなど。

○みんなで学ぶことの利点を生かしましょう。学習者同士、互いに学び合う関係を築くのはとても重要なことです。

付属CD・CD-ROMについて

1. **音声CD**　　各Unitのリスニングのパートの音声が収録されています。
2. **CD-ROM**
   ① **収録内容**
   ・学習者用シート（英語・中国語、イラスト付）　PDF
   　　プリントアウトの際には、印刷ダイヤログボックスの「詳細設定」から、「画像として印刷」に設定してください。
   ・文法学習用プリント・解答　PDF
   ・質問（指示）カード（英語・中国語）　PDF　　Unit 5, 7, 8, 16, 17の活動で使用
   ・文字カード　PDF　　Unit 12の活動で使用
   ・空き地のシート　PDF　　Unit 14の活動で使用
   ・学習記録シート　PDF
   ・リスニング　解答・スクリプト　PDF・Microsoft® Word
   　　Wordファイルを利用し、文の一部を空欄にして、オリジナルの聞き取り問題を作ることも可能です。

   ② **動作環境**
   このCD-ROMは以下の環境にて、動作を確認しております。
   　・CD-ROMが使用できるドライブを搭載したパソコン
   　・OS　Microsoft® Windows® 7・8・10, Mac OS X 10.5
   　・PDF閲覧ソフト　Adobe Acrobat Reader DC
   収録したデータを閲覧するには、CPUおよびメモリが、お使いのOSとPDF閲覧ソフトの動作環境を満たしている必要があります。また、データを印刷するには、お使いのOSに対応したプリンタが必要です。
   お使いのパソコンにPDF閲覧ソフトがインストールされていない場合は、Adobe社のホームページ（http://www.adobe.com/jp/）より、最新のAdobe Acrobat Reader DCをダウンロードし、インストールすることにより、閲覧が可能になります。
   お使いのハードウェア、ソフトウェアの環境についてご不明な場合は、それぞれの製造元にお問い合わせください。
   なお、このCD-ROMに収録されたデータを使用することにより発生した損害については責任を負いかねますので、ご了承の上ご使用ください。

   ③ **著作権・利用許諾について**
   このCD-ROMに収録された資料の著作権は著作権者に帰属します。本書の購入者が、収録された資料を、ご自身の授業等に利用することは認めますが、授業等以外での資料の配布や使用、改変した資料の二次使用、インターネット上での資料の公開等、著作権者が認める範囲を超える利用については、有償無償にかかわらず禁止します。

文法項目と機能

・各形式の右の数字は『みんなの日本語初級第2版』の参照が可能な課を示します。

UNIT	レベル0, 1（＊はレベル0）		レベル2	
1	名詞文（非過去）＊ 動詞文（非過去）	1, 2 5, 6	～ています（動作の継続：短期・長期）	14, 15
	たぶん＊	21		
	～ですから／～ますから（文末）	9	～から、～（デス・マス体接続）	9
2	名詞文（非過去）＊ ～に～があります	1, 2 10	～ています（状態・性状）	29
	たぶん＊	21		
	～ですから／～ますから（文末）	9	～から、～（デス・マス体接続）	9
			～（た）んですか（理解のみ）	26
3	名詞文（非過去）＊ ～は～がいちばん～です	2 16		
	動詞文（非過去）	6	～てください ～て、～ます	14 16
4	名詞文（非過去）＊ ～は～にあります／います ～に～があります	2, 3 10 10		
			～てください そうすると、～	14 23
	～ですから／～ますから（文末）	9	～から、～（デス・マス体接続）	9
5	名詞文（非過去）＊ 動詞文（非過去） （期間）に～回／全部で～回	1, 2, 3, 4 4, 6, 7 11		
	～ません。（でも）だいじょうぶです。		～なければなりません ～なくてもいいです	17 17
6	身長・体重・熱量・時間の単位＊ 動詞文（非過去）＊ 頻度を表す副詞	4, 5 4, 5, 6 6, 8, 9		
	程度を表す副詞的表現		～てください ～ないでください ～（た／ない）ほうがいいです	14 17 32

レベル3		レベル4		機　能
～ている人はだれですか （連体修飾節）	22			人物の描写
～と思います	21	もしかすると～かもしれません	32	推量
～から、～（普通体接続）	20	～し、～から、～たぶん～ ～なら、～はずです ～からといって、～とは限りません	28, 20, 21 35, 46	根拠
				人物の描写
～と思います	21	推量表現の使い分け		推量
～から、～（普通体接続）	20	～し、～ ～なら、～はずです	28 35, 46	根拠
～（た）んです（産出） ～てしまいました	26 29			事態の説明
				食材
～たら、～ます ～（る）前に、～ます ～（た）後で～	25 18 34	～て、～たら、～ ～（る）前に～ておきます ～まで、～ます	16, 25 18, 30	調理法
				位置
～と、～ ～たら、～てください	23 25	「～たら」と「～と」の使い分け ～と、～から、～てください ～て、～と、～ます	23, 25 23, 9, 14 16, 23	道順
～から、～（普通体接続）	20	～し、～から、～にいます	28, 9, 10	根拠
～する教室です（連体修飾節）	22	～教室です（連体修飾節） ～てみませんか	22 6, 40	教室の紹介
～できる人を探しています 　（連体修飾節） ～（形・名）なければなりません ～（形・名）なくてもいいです ～（名）でもいいですか	22	～（経験・可能など） 　なければなりません ～（経験・可能など） 　なくてもいいです	17 17	参加条件
～ています（習慣的行為）	15	～ようにしています	36	生活習慣
～んですけど、～ばいいですか それなら、～といいです	35 35	助言の表現の使い分け		助言

UNIT	レベル0, 1（*はレベル0）		レベル2	
7	動詞文（非過去）*	4, 5	～て、～ます	16
	～時に／～時間*	11	～つもりです	31
	～は～が～（形）です	16		
8	動詞文（非過去）	4, 5, 6	～て、～ます	16
			～ないで、～ます	34
		17		
		14	～時までに～なければなりません	17
9	動詞文（非過去）	6	～てはいけません	15
	だめです		～なければなりません	17
			～てもいいです	15
			～なくてもいいです	17
10	動詞文（過去）	4	～て、～ました	16
	年月日	4	～ないで、～ました	34
	～Nの時、～	23	～（た）そうです（伝聞）	47
11	形容詞文（非過去）	8	そうすると、～	23
	Nになります	19		
	だから、～		～ています（動作の継続／状態）	14, 29
			～から、～（デス・マス体接続）	9
12	形容詞文（非過去）	8	～くて、～（イ形容詞文の接続）	16
	このくらいのN／こんなN		～で、～（ナ形容詞文・名詞文の接続）	16
			～と同じN／～みたいなN	
13	形容詞文と形容詞の名詞修飾	8		
	～は～が～です	9	～ています（習慣的行為）	15
			～くて、～（イ形容詞文の接続）	16
			～で、～（ナ形容詞文・名詞文の接続）	16
			～ですが、～	8
			～は～のが～です	38

レベル3		レベル4		機　能
～と、～ます	23	「～と」と「～ば」の使い分け		旅程
～というN ～なら、～がいいです	38 35	～というのは～Nのことです（連体修飾） ～たら、～てみてください ～なら、～といいです	 25, 40 35	観光情報
～たら、～ます	25			予定
～(る)前に～ます ～てから～ます	18 16	～ている間に～(よ)うと思います ～(る)までに～なければなりません ～(る)前に～ておきます	31 17 18, 30	優先順位
		命令形・禁止形 ～時、～ようにしましょう ～てから／前に、～ようにしましょう	33 23, 36 16, 18, 36	マナー
～時、～ ～(る)前に～ます ～てから～ます	23 18 16			場合
受身文 ～時、～ました	37 23	～が～のはだれですか（連体修飾） ～が～のはいつですか（連体修飾） ～のがきっかけで、～ようになりました	38 38 	生い立ち
～と、～なります	23, 19	～て、～と、なります		法則・原理
～から、～（普通体接続）	20	～と、～から	20, 23	成り立ち
				物の特徴
～時、使います ～時、便利です	23 23	～(する)のに使います／便利です ～(ない)ように～します ～時、～ば、～	42 36 23, 35	用途
～時、～ ～てあげます／もらいます／くれます	23 24			人柄・人間関係
				プロフィール
		「そ」と「あ」の使い方（文脈指示） ～てから、～ようになりました 「～時、～てあげます／～に～てもらいます	29 36 23, 24	ストーリーの 紹介

文法項目と機能　19

UNIT	レベル1		レベル2	
14	～に～があります	10		
			～られます（可能形）	27
			～から、～ほうがいいです（デス・マス体接続）	9, 12
	～は～より～です	12	～なくてもいいです	17
	～は～ですが、（～は）～です	8		
15	～が違います		～が、～（デス・マス体接続）	8
	～は～が～です。でも～	16, 19	～ています（状態）	29
	～は～があります。でも、～	10, 11, 19		
	お願いします		～てください	14
16	個数や分量を表す単位			
	たぶん	21	～でしょう	32
			～かもしれません	32
	動詞文	6	～つもりです	31
17	～と～とどちらが～ですか	12		
	～より～のほうが～です	12		
	～になります／～くなります	19		
			～た／ないほうがいいです	32
18	形容詞文（過去）	12	～くて／で／Vて、～かったです／でした	39
	～は～が～かったです／～でした	16		
			～たり、～たりしました	19
19	～と～とどちらが～ですか	12	～（形）のがいいです	38
	～より～のほうが～です	12		
	（～の中で）どれがいちばん～ですか	12		
			～られます（可能形）	27
	～は（～が）～です	16		
20	～たいです	13	～つもりです	31
	～へ～Vに行きます	13	～たり、～たりします	19
	～が～になります／～くなります	19	～られます（可能形）	27

レベル3		レベル4		機　能
				住環境
~ば／~なら、~	35 20	~ば／~なら、~(ら)れます／~なくてもいいです	17, 27, 35	理由
連体修飾節	22	連体修飾節 ~ば／~なら、~てもいいです／なくてもいいです	16, 22 15, 17, 35	希望・条件
		自他動詞の整理		間違いの指摘
疑問詞~か~ます（埋め込み疑問文） ~かどうか~ます（埋め込み疑問文）	40 40	（もう）~てありますか／ていますか	30	確認
~くしてください／~にしてください	44, 14	~までに~ておいてください	30	修正指示
				数量
~と思います	21	推量表現の使い分け	31, 32	予想
~ようと思っています	31	~たら／~ても、~つもりです ~ていきます／~てきます	25, 31 43	計画
				損得
~と、~ ~なら、~	23 35	~Vより、~Vたほうがいいです ~なら、~ほうがいいです	12, 32 32	よりよい選択
丁寧語	49	敬語の整理	49	感想
~んですか 尊敬語	26 49	けど、~て、~(ら)れませんでした	20, 39, 27	活動の内容
~Vのがいいです	38	~のと~のとどちらが~ですか	12, 38	好み
~と、~ます	23	~ば、~(ら)れます	35, 27	機能
				選択理由
~ようと思っています	31			利用目的
子供に／を~させます	48	子供が~ている間、私は~(よ)うと思っています 私が~ている間、子供は~させます	31 48	利用方法
		~人には~が~です	22	特典内容

文法項目と機能　21

UNIT 1 人

だれだっけ？

▶ はじめに

　これは、自己紹介カードに書かれた情報を読み取って、どのカードが誰のものかを推理させる活動です。この活動のポイントは、「〜なら、必ず〜」と断言できるものがなく、見方によっていろいろな考え方ができることです。例えば、その人の職業が看護師だったら女性、その人の役職が社長なら、ある程度年齢の高い人と考えがちですが、断定はできません。男性の看護師はたくさんいますし、後者についても若き実業家ということもあり得るからです。他にも名前や趣味などが推理の材料になりますね。学習者が想像力を膨らませ、様々な角度から推理できるよう、上手にリードしてあげてください。

▶ 学習目標

- 個人の特定に必要な語彙（職業、趣味など）を覚える。【語彙】
- その人なりの言い方で友人や知人の紹介ができるようになる。【産出①】
- 与えられた情報をもとに個人を特定し、その人なりの言い方でその根拠を述べられるようになる。【産出②】
- 自己紹介を聞き、その人の名前や職業、趣味などについて聞き取れるようになる。【理解】

1 レベルチェック

> **学習者への指示文（訳）**
> 昨日あなたの町の公民館で地域交流のパーティーがありました。これはその時の様子ですが、そこにはあなたの友達で、先生の知らない人が6人います。先生にその人たちを紹介してください。

　まずは語彙力の確認とレベルチェックです。学習者が会場にいる①〜⑥の人を紹介するので、まずはそれを聞きましょう。その時、何をどう話すかで学習者のレベルが判定できます。

ステップ1　「これ、加藤さん、会社員。これ、森さん、先生」のように、学習者が単語の羅列で話したら、文で発話できるかどうか確認するために、1人1人を指差し、「こ

れはだれですか」「仕事は何ですか」と聞き直してみましょう。「これは加藤さんです。会社員です」と答えられたら、一応**レベル1**の学習者と判断してよいでしょう。答えられなければ、レベル0の学習者です。

ステップ2　ステップ1をクリアした学習者には、次に（例えば）「加藤さんは何をしますか」注1と聞いてみてください。「写真を撮ります」とスムーズに答えられれば、一応**レベル2**の学習者と判断してよいでしょう。答えられなければ、レベル1の学習者です。

注1 文法的には「何をしていますか」が正しいことは言うまでもありませんが、まだ（文法規則として）「〜ている」形を教えられる段階にないので、ここでは「何をしますか」でよしとします。

ステップ3　ステップ2をクリアした学習者には、別の人物（例えば森さん）を指差し、「森さんは何をしていますか」と聞いてみてください。「電話しています」とスムーズに答えられれば、一応**レベル3**の学習者と判断してよいでしょう。答えられなければ、レベル2の学習者です。

ステップ4　ステップ3をクリアした学習者には、もう1人別の人物（例えば宮本さん）を指差し、「歌を歌っている人はだれですか」と、連体修飾節を使って聞いてみてください。学習者が「宮本さんです」と短く答えたら、今度は役割を交代して「私に聞いてください。じゃあ、この人」とまた別の人（例えば青木さん）を指差し、「料理を食べている人はだれですか」と質問させましょう注2。スムーズにできたら、**レベル4以上**の学習者と判断してよいでしょう。できなければ、レベル3の学習者です。

注2 学習者に「料理を食べている人はだれですか」と言わせたいのに、「この人はだれですか」と簡単に質問してしまったら、その時は「料理を…」のように、あなたが文の出だしを言い、学習者の発話を促しましょう。

2　活動

> **学習者への指示文（訳）**
> 昨日のパーティーであなたにもたくさんの新しい友だちができ、その人たちから自己紹介カードをもらいました。しかし、以下の6人だけどうしても名前と顔が一致しません。カードに書かれた情報からどのカードがどの人のものか思い出しましょう。

　語彙力の確認とレベルチェックが終わったら、いよいよ活動です。「はじめに」でも述べましたが、この活動のポイントは、見方によっていろいろな考え方ができることです。名前や職業、趣味、体格、人相などを材料に、学習者に推理させましょう。

【解答】　①松下よしゆき　②三井えりか　③谷口けいこ　④金子じゅんいち
　　　　　⑤大石こうじ　⑥小林まさみ

各レベルの到達目標

レベル０の学習者
- 「これはだれですか」「小林さんはどの人ですか」「仕事は何ですか」などの質問に「これは三井さんです」「小林さんはこの人です」「仕事は保育士です」と答えられるようになる。
- 「これはだれですか」「小林さんはどの人ですか」「仕事は何ですか」と質問できるようになる。
- 「たぶん」を使って、「小林さんはたぶん保育士です」のように推論を述べられるようになる。
- 「どうしてですか」の質問に筆談やジェスチャー、時には媒介語を交えつつ、どうにか自分の考えを伝えられるようになる。

レベル１の学習者
- 「三井さんは何をしますか」という質問に「(〜を)〜ます」と答えられるようになる。
- 「(〜を)〜ます。この人はだれですか」と質問できるようになる。
- 「たぶん」を使って、「松下さんはたぶん銀行で働きます」[注1]のように推論を述べられるようになる。
- 「どうしてですか」の質問に、文末に「〜から」を使って「〜ですから」「〜ますから」と答えられるようになる。

注1　文法的には「働いています」が正しいことは言うまでもありませんが、まだ文法規則として「〜ている」形を教えられる段階にないので、ここでは「働きます」でよしとします。

レベル２の学習者
- 「三井さんは子供と遊んでいます」や「松下さんは銀行で働いています」のような「〜ている」を使った発話を理解・産出できるようになる。また、その前提として動詞を「テ形」に変換できるようになる。
- 「どうしてですか」の質問に、文中に「〜から」を使って「〜ですから、〜」「〜ますから、〜」と答えられるようになる。

レベル３の学習者
- 「〜ている人はだれですか」のような連体修飾節を使った発話を理解・産出できるようになる。
- 「〜と思います」を使って、「この人は小林さんだと思います」のように推論を述べられるようになる。また、その前提としてデス・マス形を普通形に変換できるようになる。
- 「どうしてですか」の質問に対して「〜るから、〜」「〜ないから、〜」のように、普通形に「〜から」を付けて説明できるようになる。

レベル4以上の学習者：26ページの「プリントで扱う文型・文法」を参照

活動の手順

1. 学習者を2〜3人の小さなグループに分け、みんなでいっしょに考えさせましょう。学習者が1人静かに考えることを好む場合は、まずは1人1人別々に考えさせ、その後で意見交換させるようにしましょう。

2. 考えがまとまったら、それを日本語で報告させます。その際、結論だけでなく、どうしてそう思うのか理由も聞き、時には以下の対話例のように、学習者が気づかなかった別の可能性を指摘し、グループ全体で推理を深めていきましょう。

   レベル1の学習者の場合
   T：三井さんはどの人ですか。
   S：2番です。
   T：どうしてですか。
   S：「えりか」は女の人（の名前）です。
   T：**でも、3番も女の人ですよ。**
   S：でも、「えりか」の名前は若いです。

▶ レベル0の学習者の場合は、この活動をするために必要な文型・文法をまだ勉強していないので、筆談やジェスチャー、時には媒介語を交えつつ、どうにか自分の考えを伝えられれば十分です。

3. 学習者が話した内容をホワイトボードに板書し、ポイントを整理しましょう。その際学習者が書き写しやすいよう、できるだけ簡潔に書くようにしてください。

❸ プリント学習

　ここではレベルチェックと活動で断片的に学んできた語彙を整理し、かつレベルチェックで回避した文型・文法の学習をします。

1. 文法学習プリントを配付してください。

2. 学習者が答えを書き終わったら、間違いがないかチェックしてあげてください。その際、学習者に必ず自分が書いた答えを音読させましょう。

プリントで扱う文型・文法(「＊」はレベル０)

- レベル❶
  - 名詞文(非過去)＊【人物の描写】
    ⇨「～はだれですか」「～は何ですか」「～はどの人ですか」など
  - 「～は たぶん～です」＊【推量】
  - 動詞文(非過去)【人物の描写】
    ⇨「飲む」「遊ぶ」「歌う」など
  - 「～ですから／～ますから」(文末)【根拠】
- レベル❷
  - テ形の作り方
  - 「～ています」(短期・長期的な動作の継続)【人物の描写】
    ⇨「食べています」「働いています」など
  - 「～から、～」(デス・マス形による接続)【根拠】
- レベル❸
  - 普通形の作り方
  - 連体修飾節【人物の描写】
    ⇨「～ている人はだれですか」(連体修飾節)
  - 「～と思います」【推量】
  - 「～から、～」(普通形による接続)【根拠】
- レベル❹
  - 「～し、～から、たぶん～」【根拠・推量】
  - 「～なら、～はずです」【根拠】
  - 「～からといって、～とは限りません」【根拠】
  - 「もしかすると～かもしれません」【推量】

4 確認と練習

　プリントで学習した文型・文法を使って、ホワイトボードに板書した学習者の推理をもう一度話させましょう。２度目の練習ですから、１度目とは異なり、今度は内容と表現の両方に焦点を当てて話させるようにしてください。

5 リスニング

学習者への指示文(訳)
パーティーの会場で最近この町に引っ越してきたばかりの男女４人が自己紹介をしています。彼らの話を聞き、「名前」「仕事」「趣味」を聞き取りなさい。

1. まずは４人の名前と仕事、趣味を聞き取らせましょう。会話はナチュラル・スピードですし、レベル０やレベル１の学生には理解できない語彙・表現も含まれているので、最初は面食らうかもしれませんが、この３つの情報だけならどうにか拾えるはずです。CDは何度聞いても構いません。

2. 学習者が解答を終えたら、答えを確認しましょう。レベル0の学習者はこれで終わりです。それ以外の学習者には以下の質問例を参考にもう少し細かな内容まで聞き取らせるようにしましょう。

質問の例
1. フランクさんはどこに住んでいますか／どのくらい住んでいますか。
2. カルロスさんはよくどこに行きますか。どうしてですか。
3. 病院に勤めている人はだれですか。
4. その他、内容理解を確認する質問

話題と活動の広げ方

○「男の子に多い名前、女の子に多い名前は何か」や「子供に人気の職業ベスト3は何か」、「大学生が就職したい企業はどこか」などについて、みんなで話してみるのはどうでしょうか。互いの友人・知人の名前を書き出し、それを年代別に分けて分析してみるのもおもしろいかもしれません。

○自己紹介のロールプレイをしたり、あなたが持っている友人・知人の名刺を提示し、その人がどんな人物かを推理してみるのはどうでしょうか。

UNIT 1 People 人物

だれだっけ？

Meeting people
是谁来着？

Check your level 水平测试

Yesterday, a party to promote local exchange was held at the community hall of your town, as shown below. At the event are six friends of yours, all unknown to your teacher. Introduce them to the teacher.

昨天，在你所住地区的公民会馆举办了一个地域交流联谊会。这是当时的情景，上面有你的六个朋友，都是老师不认识的人。请把他们介绍给老师。

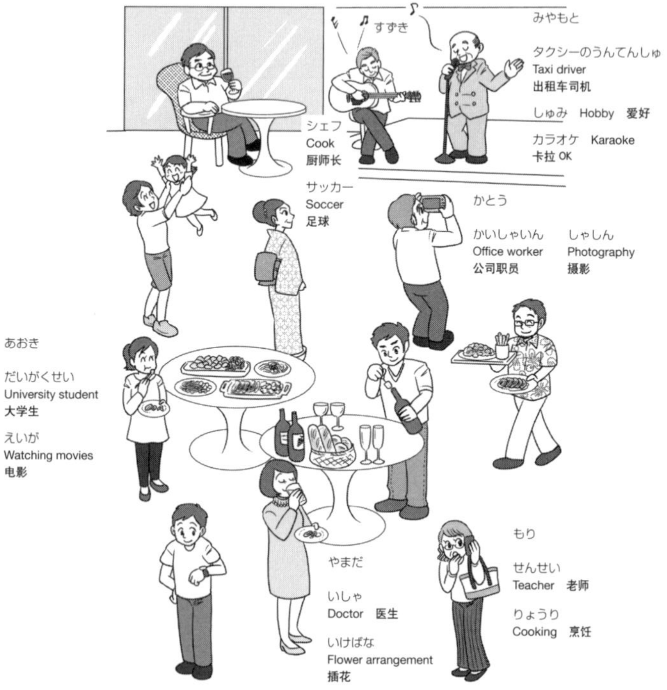

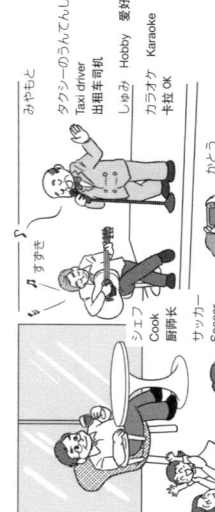

すずき
みやもと
タクシーのうんてんしゅ
Taxi driver
出租车司机
しゅみ Hobby 爱好
カラオケ Karaoke
卡拉 OK
シェフ
Cook
厨师长
サッカー
Soccer
足球
かとう
かいしゃいん
Office worker
公司职员
しゃしん
Photography
摄影
あおき
だいがくせい
University student
大学生
えいが
Watching movies
电影
もり
せんせい
Teacher 老师
りょうり
Cooking 烹饪
やまだ
いしゃ
Doctor 医生
いけばな
Flower arrangement
插花

学習者用シート サンプル

Activity 活动

At yesterday's party, you made a lot of new friends, and received cards of self-introduction from them. However, in the following six cases, you cannot match names with faces. From the information given on the cards, try to work out which card goes with which person.

在昨天的联谊会上，你还结识了很多新朋友，他们给了你写有自我介绍的卡片。但是，下面这六个人的名字和面孔怎么也对不上。请你根据卡片上所写情况，好好回想一下哪张卡片是哪个人的。

なまえ **みつい　えりか**
しごと Job 工作　ひがしやま病院（びょういん） Higashiyama Hospital 东山医院
かんごし Nurse 护士
しゅみ Hobby 爱好　テニス Playing tennis 网球

なまえ **おおいし　こうじ**
しごと　さくら高校（こうこう） Sakura High School 樱高中
えいごのせんせい English teacher 英语教师
しゅみ　つり Fishing 钓鱼

なまえ **たにぐち　けいこ**
しごと　グランドホテル Grand Hotel 大酒店
チーフマネージャー General Manager 部门经理
しゅみ　さどう Tea ceremony 茶道

なまえ **まつした　よしゆき**
しごと　ユニオン銀行（ぎんこう） Union Bank 联合银行
ぶちょう Department Manager 部长
しゅみ　ガーデニング Gardening 园艺

なまえ **かねこ　じゅんいち**
しごと　ネットバンク Net Bank 网络银行
しゃちょう President 总经理
しゅみ　チェス Chess 国际象棋

なまえ **こばやし　まさみ**
しごと　ひまわり保育園（ほいくえん） Himawari Nursery 向日葵保育园
ほいくし Nursery school teacher 保育员
しゅみ　どくしょ Reading 读书

Listening 收听

At the party venue, four foreigners who have just moved into your town introduce themselves. Listen to them, and find out what their names, jobs and interests are.

最近刚刚搬到这里来的男女四名外国人做了自我介绍。听他们的自我介绍，然后说出他们的名字、工作和爱好。

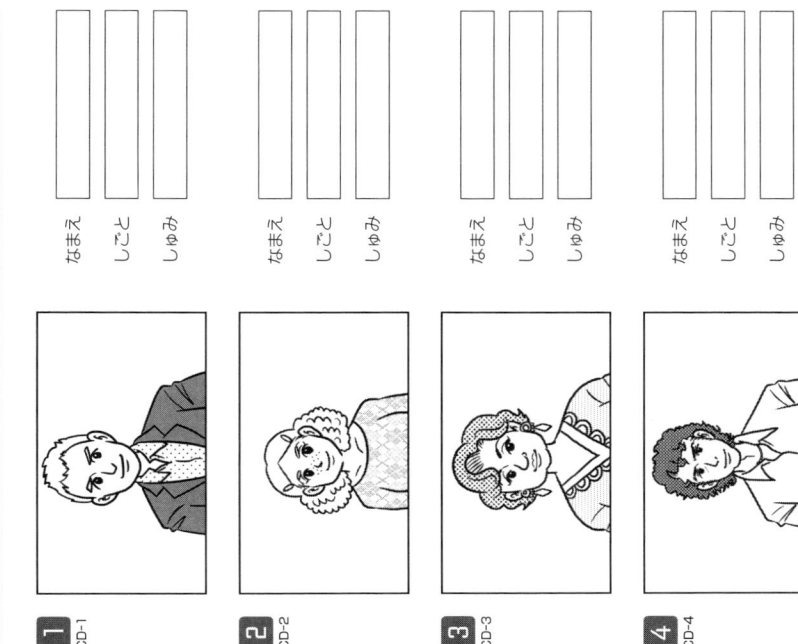

1 CD-1 2 CD-2 3 CD-3 4 CD-4

なまえ / しごと / しゅみ

UNIT 1 だれだっけ？

UNIT 2　持ち物

持ち主はどんな人？

▶はじめに

　これは、かばんの中身を見て、そのかばんの持ち主がどんな人かを推理させる活動です。この活動のポイントは「～なら、必ず～」と断言できるものがなく、見方によっていろいろな考え方ができることです。例えば、活動のページにあるイラストAを見てください。かばんの中にポーチがあり、その中に化粧品が入っているので、持ち主が女性であることは容易に想像がつきます。では、年齢はどうでしょうか。OL？　主婦？　でも、OLや主婦なら、学校の教科書らしき本なんて持っているはずがありませんよね。ひょっとして高校生？　このように、学習者が想像力を膨らませ、様々な角度から推理できるよう、上手にリードしてあげてください。

▶学習目標

●日常的に持ち歩いている物の名前を覚える。【語彙】
●所持品から持ち主の人物像を推理し、その人なりの言い方でその根拠を述べられるようになる。【産出①】
●警察署へ行き、その人なりの言い方で落とし物について説明できるようになる。【産出②】
●かばんの中身を聞き取り、どれがだれのかばんかを特定できるようになる。【理解】

1　レベルチェック

学習者への指示文（訳）
1. この警察署にはたくさんの落とし物が保管されています。どんな物がありますか。
2. 落とし物をした人が警察署に電話をかけてきました。警察官に何と言っているでしょう？
3. 電話をかけてきたのはどんな人だと思いますか。

　まずは語彙力の確認とレベルチェックです。学習者が上記3つの課題について話すので、まずはそれを聞きましょう。その時、何をどう話すかで学習者のレベルが判定できます。

ステップ1 課題1で「財布」「携帯電話」「かさ」のように、学習者が物の名前だけを答えたら、文で発話できるかどうか確認するために、それらを1つ1つ指差し、「これは何ですか」と聞き直してみましょう。「これは財布です」「これは携帯電話です」と答えられたら、一応**レベル1**の学習者と判断してよいでしょう。答えられなければ、レベル0の学習者です。

ステップ2 ステップ1をクリアした学習者には、次に警察官が手にしているかばんを指差し、「かばんの中に何がありますか」と聞いてみてください。「雑誌があります」や「かぎがあります」とスムーズに答えられれば、一応**レベル2**の学習者と判断してよいでしょう。答えられなければ、レベル1の学習者です。

ステップ3 ステップ2をクリアした学習者には、あなたが警察官役になり、ロールプレイをしてみましょう（課題2）。あなたの「いつ落としたんですか」「どこに忘れたんですか」などの（「夕形＋んです」を使った）質問に「今朝です」「駅の前の公園です」のようにスムーズに答えられ、「中に何が入っていますか」という質問にも「財布が入っています」のように「〜ています」を使ってスムーズに答えられたら、一応**レベル3**の学習者と判断してよいでしょう。答えられなければ、レベル2の学習者です。

ステップ4 ステップ3をクリアした学習者には、「お巡りさんが電話で話している人はどんな人だと思いますか」と聞いてみてください（課題3）。（連体修飾節を使った）質問の意味を理解し、「若い男の人だと思います」や「学生だと思います」のようにスムーズに答えられたら、**レベル4以上**の学習者と判断してよいでしょう。できなければ、レベル3の学習者です。

2 活動

> **学習者への指示文（訳）**
> 今日の午前中、警察署にかばんの落とし物が2つ届けられました。AとBはそれぞれの中身です。このかばんの持ち主はどんな人だと思いますか。性別、年齢、職業などを推理してみましょう。また、なぜそう思うのか、理由も言いましょう。

　語彙力の確認とレベルチェックが終わったら、いよいよ活動です。「はじめに」でも述べましたが、この活動のポイントは、見方によっていろいろな考え方ができることです。かばんの中身を見て、持ち主の年齢、性別、職業などを学習者に推理させましょう。

【解答例】　A．女子高校生　B．40代のサラリーマン

各レベルの到達目標

レベル0の学習者
- 「これは何ですか」「この人はどんな人ですか(性別・職業)」「何歳ですか」などの質問に「これは○○です」「この人は○○です」「○○歳です」と答えられるようになる。
- 「これは何ですか」「この人はどんな人ですか(性別・職業)」「何歳ですか」と質問できるようになる。
- 「たぶん」を使って、「この人はたぶん学生です」のように推論を述べられるようになる。
- 「どうしてですか」の質問に筆談やジェスチャー、時には媒介語を交えつつ、どうにか自分の考えを伝えられるようになる。

レベル1の学習者
- 「かばんの中に何がありますか」や「財布の中にカードがあります」のような「〜に〜があります」を使った発話を理解・産出できるようになる。
- 「たぶん」を使って、「この人はたぶん会社で働きます」[注1]のように推論を述べられるようになる。
- 「どうしてですか」の質問に、文末に「〜から」を使って「〜ですから」「〜ますから」と答えられるようになる。

注1 文法的には「働いています」が正しいことは言うまでもありませんが、まだ文法規則として「〜ている」形を教えられる段階にないので、ここでは「働きます」でよしとします。

レベル2の学習者
- 「いつ落としたんですか」や「どこに忘れたんですか」のような「タ形+んです」を使った質問を理解できるようになる[注2]。また、その前提として動詞を「タ形」に変換できるようになる。
- 「〜ています」を使ってかばんの中身について説明できるようになる。また、その前提として動詞を「テ形」に変換できるようになる。
- 「どうしてですか」の質問に、文中に「〜から」を使って「〜ですから、〜」「〜ますから、〜」と答えられるようになる。

注2 レベル2の学習者はテ形やタ形などの活用を1つずつ順番に学習している段階なので、ここでの「〜んですか」の使用はタ形に限定し、辞書形やナイ形は使わないようにしてください。また、学習者に対しても無理に産出を求めることはしません。

レベル3の学習者
- 「〜てしまいました」や「〜んです」[注3]を使って、事態の深刻さを説明できるようになる。
- 「〜と思います」を使って、「この人は学生だと思います」のように推論を述べられるようになる。また、その前提としてデス・マス形を普通形に変換できるようになる。

- ●「どうしてですか」の質問に対して「〜るから、〜」「〜ないから、〜」のように、普通形に「〜から」を付けて説明できるようになる。

注3 文法学習プリントでは特に取り上げていませんが、ロールプレイをする時などに意識して使わせたい表現です。

レベル4以上の学習者：34ページの「プリントで扱う文型・文法」を参照

活動の手順

1. 学習者を2〜3人の小さなグループに分け、みんなでいっしょに考えさせましょう。学習者が1人静かに考えることを好む場合は、まずは1人1人別々に考えさせ、その後で意見交換させるようにしましょう。

2. 考えがまとまったら、それを日本語で報告させます。その際、結論だけでなく、どうしてそう思うのか理由も聞き、時には以下の対話例のように、学習者が気づかなかった別の可能性を指摘し、グループ全体で推理を深めていきましょう。

   レベル1の学習者の場合
   T：これは男の人のかばんですか。女の人のかばんですか。
   S：女の人のかばんです。
   T：どうしてですか。
   S：かばんの中にこれがありますから。（化粧品を指差して）
   T：ああ、化粧品ですね。何歳ぐらいですか。
   S：25歳ぐらいです。会社員です。
   T：**でも、これは何ですか。**（教科書を指差して）
   S：え？

3. 学習者が話した内容をホワイトボードに板書し、ポイントを整理しましょう。その際、学習者が書き写しやすいよう、できるだけ簡潔に書くようにしてください。

3 プリント学習

ここではレベルチェックと活動で断片的に学んできた語彙を整理し、かつレベルチェックで回避した文型・文法の学習をします。

1. 文法学習プリントを配付してください。

2. 学習者が答えを書き終わったら、間違いがないかチェックしてあげてください。その際、学習者に必ず自分が書いた答えを音読させましょう。

プリントで扱う文型・文法（「＊」はレベル０）
- レベル❶
  - 名詞文（非過去）＊【人や物の描写】
    ⇨「〜は何ですか」「〜はどんな人ですか」「〜は何歳ですか」など
  - 「〜は たぶん〜です」＊【推量】
  - 「〜に〜があります」【物の描写】
  - 「〜ですから／〜ますから」（文末）【根拠】
- レベル❷
  - テ形とタ形の作り方
  - 「〜んですか」（動詞タ形による接続）【事態の説明】
  - 「〜ています」（状態・性状）【物の描写】
    ⇨「入っています」「持っています」「ついています」など
  - 「〜から、〜」（デス・マス形による接続）【根拠】
- レベル❸
  - 普通形の作り方
  - 「〜てしまいました」【事態の説明】
  - 「〜んです」（普通形による接続）【事態の説明】
  - 「〜と思います」【推量】
  - 「〜から、〜」（普通形による接続）【根拠】
- レベル❹
  - 「〜し、〜から、たぶん〜」【根拠・推量】
  - 「〜なら、〜はずです」【根拠】
  - 「〜からといって、〜とは限りません」【根拠】
  - 「もしかすると〜かもしれません」【推量】

4 確認と練習

　プリントで学習した文型・文法を使って、ホワイトボードに板書した学習者の推理をもう一度話させましょう。2度目の練習ですから、1度目とは異なり、今度は内容と表現の両方に焦点を当てて話させるようにしてください。

5 リスニング

学習者への指示文（訳）
4人の人が警察署に来て、自分が落としたかばんが届いていないか尋ねています。以下の4つのかばんの中身はそれぞれどの人のものか、CDを聞いて答えなさい。

1. まずはどれがだれのかばんの中身かを聞き取らせましょう。会話はナチュラル・スピー

ドですし、レベル0やレベル1の学生には理解できない語彙・表現も含まれているので、最初は面食らうかもしれませんが、「財布」や「携帯(電話)」などの語彙さえ聞き取れれば解答できるはずです。CDは何度聞いても構いません。

2. 学習者が解答を終えたら、答えを確認しましょう。レベル0の学習者はこれで終わりです。それ以外の学習者には以下の質問例を参考にもう少し細かな内容まで聞き取らせるようにしましょう。

質問の例
　　1. 男の人のかばんはどんなかばんですか。
　　2. どこでなくしましたか。
　　3. どうしてそこでなくしたと思いますか。
　　4. その他、内容理解を確認する質問

話題と活動の広げ方

○「車内の忘れ物で一番多いのは何か」や「いつも欠かさず持ち歩いているものは何か」について、みんなで話してみるのはどうでしょうか。年齢や性別、季節によっても変わると思われるので、身近な人にインタビューしてみるのもおもしろいかもしれません。

○交番や駅の事務所に忘れ物の届け出をするロールプレイをしたり、ネットや雑誌で公開されたかばんの中身の写真を見て、持ち主がどんな人物かをみんなで推理してみるのはどうでしょうか。

● 学習者用シート　サンプル

Activity 活动

This morning, two misplaced bags were handed in to the police station. Illustrations A and B show their contents. What kind of people do you think the owners of these bags are? Try to work out their gender, age, occupation and other details, and give reasons for your conclusions.

今天上午，有两个遗失的提包被交到了警察局。A 和 B 分别是这两个皮包里装着的东西。你觉得皮包的失主是个什么样的人？推测一下失主的性别、年龄以及职业等，并说一下为什么会做出这样推测的理由。

A

UNIT **2**　Personal belongings　持有物品

持ち主はどんな人？

Whose might it be?
持有者是个什么样的人？

Check your level 水平测试

1. At this police station, a lot of forgotten items are stored. What kind of items are they?
2. The owners of the lost items have made telephone calls to the police station. What are they saying to the policeman?
   What kind of people do you think have made the calls?
1. 在这个派出所保管着许多遗失物品。都有些什么东西？
2. 遗失物品的人给警察局打来了电话。他（她）对警官说了些什么呢？
3. 你觉得打来电话的是个什么样的人？

36

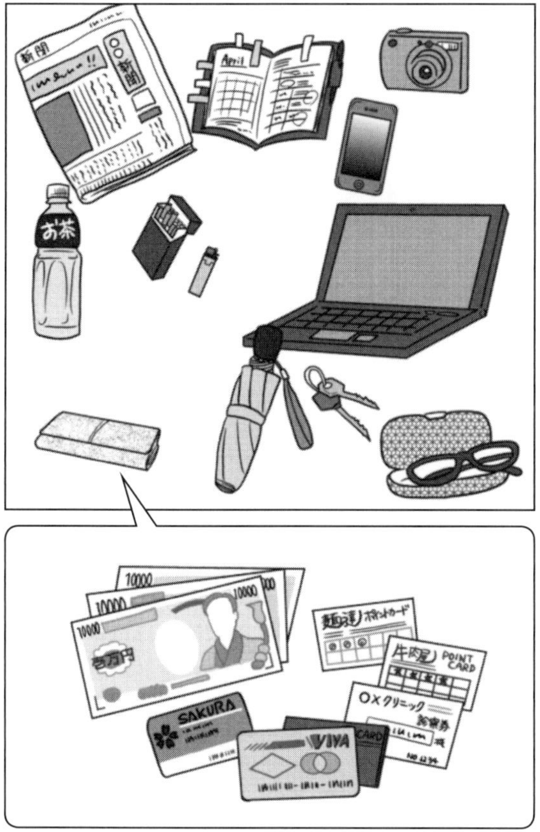

Listening 收听

Four people come to a police station, and ask if the bags that they have lost have been handed in. Listen to the CD, and match the contents of the four bags with their owners.
有四个人来到警察局询问有没有人把自己丢的提包交到这里来。听 CD 录音回答下面这四个提包分别是哪一个人的。

1 CD-5 (　)
2 CD-6 (　)
3 CD-7 (　)
4 CD-8 (　)

A

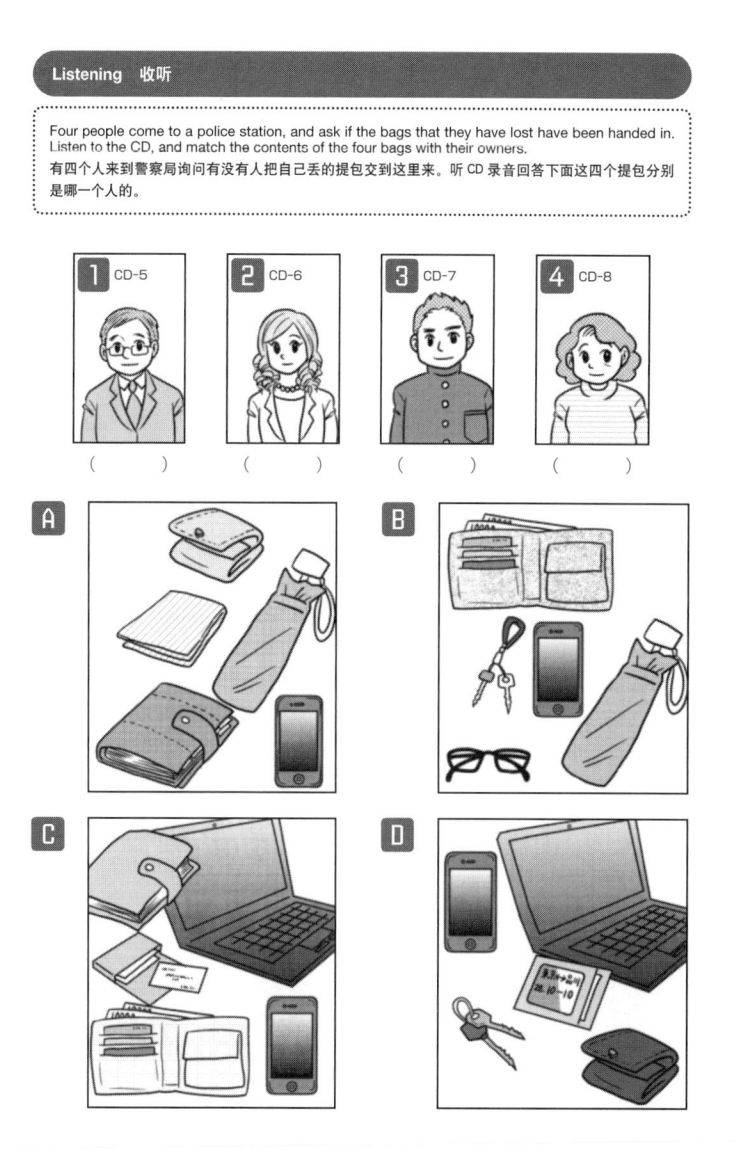

B

C

D

B

UNIT 2　持ち主はどんな人？　37

UNIT **3** 食べ物

旬の食材を使って

▶ はじめに

　これは、旬の食材を使って栄養バランスのいい料理（または献立）を考える活動です。夏においしい食べ物と言えば、うなぎ。反対に冬においしいものと言えば、ブリや牡蠣が思い浮かびます。野菜ではどうでしょうか。夏はなすやきゅうり、冬は大根。栽培や養殖の技術が発達したおかげで、現代では、ほとんどの食材を季節に関係なくいつでも食べられるようになりましたが、旬と言われる時期に食べるそれらの味はやはり格別です。四季のある国で暮らしている幸せを感じながら、季節感溢れる料理（または献立）を考えてみましょう。

▶ 学習目標

● 日常的によく食べる料理の名前や食材（野菜、果物）、調理法に関する語彙を覚える。【語彙】
● その人なりの言い方でその料理に使われている食材とその旬について説明できるようになる。【産出①】
● その人なりの言い方でその料理の作り方について説明できるようになる。【産出②】
● 料理の説明を聞き、使われている食材を聞き取れるようになる。【聴解】

1 レベルチェック

学習者への指示文（訳）
1. 以下の3つの料理にはどんな食材が使われていると思いますか。また、これらはどうやって作ると思いますか。写真を見て考えてみましょう。
2. イラストを見て、以下の料理（焼きそば）の作り方を説明してみましょう。

　まずは語彙力の確認とレベルチェックです。学習者が3つの料理に使われている食材について話した後、「焼きそば」の作り方について話すので、まずはそれを聞きましょう。その時、何をどう話すかで学習者のレベルが判定できます。

ステップ1　課題1で「豚肉、人参、エビ…」のように、学習者が食材の名前だけを答えたら、文で発話できるかどうか確認するために、それらを1つ1つ指差し、「これは

何ですか」と聞き直してみましょう。「これは豚肉です」「これは人参です」と答えられたら[注]、一応**レベル1**の学習者と判断してよいでしょう。答えられなければ、レベル0の学習者です。

注 ここでは文型・文法の習得を中心に確認しているので、食材について「pork」や「carrot」のように英語で答えたり、「肉」や「魚」のような上位語で答えてもよしとします。

ステップ2　ステップ1をクリアした学習者には、3つの料理の作り方について聞いてみましょう。「揚げる」や「煮る」、「焼く」などの語彙を使って、「野菜を油で揚げます」（＝天ぷら）や「豚肉と人参とじゃがいもを煮ます」（＝肉じゃが）のように説明できれば、一応**レベル2**の学習者と判断してよいでしょう。できなければ、レベル1の学習者です。

ステップ3　ステップ2をクリアした学習者には、「私、焼きそばを作ります。○○さん、教えてください。最初に何をしますか」と言って、（イラストに描かれた）焼きそばの作り方を説明してもらいましょう（課題2）。その際、学習者が「肉を切ります」のように話したら、「肉を切ります。お願いします。日本語で何ですか」と言って「〜てください」を使った発話を引き出しましょう。すぐに言い直せたら、一応**レベル3**の学習者と判断してよいでしょう。できなければ、レベル2の学習者です。

ステップ4　ステップ3をクリアした学習者には、焼きそばの作り方のイラストを見ながら、以下の文型・文法を使った質問をしてみましょう。いずれも難なく答えられれば、一応**レベル4以上**の学習者と判断してよいでしょう。できなければ、レベル3の学習者です。

質問の例
1.「〜たら、〜ます」　例.「肉を切っ**たら**、どうしますか。」
2.「〜前に、〜する」　例.「肉を炒める**前に**、何をしますか。」
3.「〜後で、〜する」　例.「肉を炒めた**後で**、何をしますか。」
4. その他、内容理解を確認する質問

2 活動

> **学習者への指示文（訳）**
> 1. 以下の食材を「野菜」と「果物」に分けましょう。
> 2. これらの食材の旬（一番おいしい季節）はそれぞれいつでしょう？
> 3. あなたが日常的によく作る料理を1つ、先生や仲間に紹介しましょう。それはどんな料理でどうやって作りますか。

　語彙力の確認とレベルチェックが終わったら、いよいよ活動です。まずは、付属CDに収録されているチャートに食材の名前を書き込ませましょう。解答は以下の通りです。時間に余裕があれば、他にどんな食材（野菜・果物以外でも可）を知っているか聞き、それぞれの旬について考えさせてみましょう。

【解答】（春）野菜：<u>いちご</u>、キャベツ、セロリ、竹の子　果物：グレープフルーツ
　　　　（夏）野菜：きゅうり、<u>スイカ</u>、トマト、なす、<u>メロン</u>　果物：桃
　　　　（秋）野菜：かぼちゃ、さつまいも、まつたけ　果物：柿、くり、りんご
　　　　（冬）野菜：大根、白菜、ねぎ　果物：みかん

　野菜と果物の定義は微妙ですが、農林水産省では以下の4つの特徴を持つ植物を「野菜」と定義しています。①田畑に栽培されること、②副植物であること、③加工を前提としないこと、④草本性であること。また、果物については木本性などの永年作物（果樹）と定義しており、これに従えば、いちごやスイカ、メロンは野菜ということになりますが、いずれも果実的な利用をすることから「果実的野菜」として扱っています。なお、かぼちゃは夏に収穫されますが、季節的においしいのは秋であるため、本書では秋の野菜に分類しました。
（農林水産省ホームページ　野菜のページ内　野菜の定義による。2015年1月現在）

各レベルの到達目標

レベル0の学習者

- 「これは何ですか」「野菜はどれですか」「旬はいつですか」という質問に「〇〇です」「野菜は〇〇と〇〇です」「旬は〇〇ですか」と答えられるようになる。
- 「これは何ですか」「野菜はどれですか」「旬はいつですか」と質問できるようになる。
- 「これは春の野菜です」「これは冬の魚です」のように、その食材の旬の季節を言い表すことができるようになる。
- 「炒める」「煮る」「焼く」などの調理法の説明に必要な語彙（動詞）を覚える。

注　料理の作り方（課題2）については、言葉で表現するのはまだ無理なので、身振りや手振り、イラストなどを使ってどうにか説明し、その過程で「炒める」や「煮る」などの語彙を断片的に覚えれば十分です。

レベル１の学習者
- 「○○は（○月）が一番おいしいです」のように、その食材の旬の季節を言い表すことができるようになる（推測で答える時は「たぶん」を付ける）。
- 「炒める」「煮る」「焼く」などの語彙を使って、ごく簡単に料理の作り方を説明できるようになる。

レベル２の学習者
- 「（肉を）切る」「（油を）入れる」など、調理法をより詳しく説明するために必要な語彙を覚える。
- 「最初に」「それから」「その後で」などの接続表現を使って、より詳しく談話レベルで料理の作り方を説明できるようになる。
- 「肉を切ってください」のように、「〜てください」を使って料理の作り方を指示できるようになる。また、その前提として動詞を「テ形」に変換できるようになる。
- 「油を入れて、肉を炒めます」のように、「〜て、〜ます」を使って、料理の手順をより詳しく説明できるようになる。

レベル３の学習者
- 「野菜を切ったら、鍋に入れます」や「肉を炒める前に、野菜を炒めます」のように、「〜たら、〜ます」や「〜（る）前に、〜ます」「〜（た）後で、〜ます」などの文型を使って、料理の手順をより詳しく説明できるようになる。

レベル４以上の学習者：42ページの「プリントで扱う文型・文法」を参照

活動の手順

1. 学習者を２〜３人の小さなグループに分け、まず課題１と２について、みんなでいっしょに考えさせましょう。学習者が１人静かに考えることを好む場合は、まずは１人１人別々に考えさせ、その後で各自が作ったチャートを見せ合い、グループとしての考えをまとめさせましょう。

2. 考えがまとまったら、「春の野菜はどれとどれですか」のようにグループ全体に質問を投げかけると同時に、何についてどう意見が分かれたのかを聞きましょう（その後で答え合わせをします）。

3. 次に、課題３について考えさせてみましょう。料理の完成図をイラストで描かせ、そこに使う食材と調味料を文字で書き込ませます（日本語で何と言うか知らないものは、

とりあえず学習者の母語でも構いません）。みんなで1つの料理を考えてもいいですし、1人1人別々に考え、お互いの料理を発表し合ってもいいと思います。

4. 考えた料理の作り方について説明させましょう。その際、学習者が話した内容をホワイトボードに板書し、ポイントを整理しましょう（学習者が書き写しやすいよう、できるだけ簡潔に書くようにしてください）。

3 プリント学習

ここではレベルチェックと活動で断片的に学んできた語彙を整理し、かつレベルチェックで回避した文型・文法の学習をします。

1. 文法学習プリントを配付してください。

2. 学習者が答えを書き終わったら、間違いがないかチェックしてあげてください。その際、学習者に必ず自分が書いた答えを音読させましょう。

プリントで扱う文型・文法（「＊」はレベル0）

- レベル❶
  - 名詞文（非過去）＊【食材の説明】
    ⇨「～は何ですか」「～はどれですか」「～はいつですか」など
  - 「～は～がいちばん～です」【食材の説明】
  - 動詞文（非過去）【調理法の説明】
    ⇨「炒める」「煮る」「焼く」など
- レベル❷
  - テ形の作り方
  - 「～てください」【調理法の説明】
  - 「～て、～ます」【調理法の説明】
- レベル❸
  - 「～たら、～ます」【調理法の説明】
  - 「～（る）前に／～（た）後で、～ます」【調理法の説明】
- レベル❹
  - 「～て、～たら、～」【調理法の説明】
  - 「～（る）前に～ておきます」「～（る）まで～ます」【調理法の説明】

4 確認と練習

プリントで学習した文型・文法を使って、学習者が考えた料理とその作り方をもう一度話させましょう。2度目の練習ですから、1度目とは異なり、今度は内容と表現の両方に焦点を当てて話させるようにしてください。

5 リスニング

> **学習者への指示文（訳）**
> 女の人が自分の作った料理について話しています。それぞれの料理にはどんな食材が使われていますか。使われている食材を○で囲みなさい。

1. まずは各料理に使われている食材を聞き取らせましょう。会話はナチュラル・スピードですし、レベル０やレベル１の学生には理解できない語彙・表現も含まれているので、最初は面食らうかもしれませんが、食材に関する語彙だけならどうにか拾えるはずです。CDは何度聞いても構いません。

2. 学習者が解答を終えたら、答えを確認しましょう。レベル０の学習者はこれで終わりです。それ以外の学習者には以下の方法でもう少し細かな内容まで聞き取らせましょう。

   レベル１・レベル２の学習者の場合：未知の語が多すぎて細かな内容まで聞き取るのは困難だと思われるので、「フライパン」などの調理器具や「塩」などの調味料、「揚げる」や「15分」などの調理方法に関する語彙をできるだけ拾わせ、それらの語彙から作り方を類推できれば充分です。

   レベル３・レベル４の学習者の場合：以下の対話例を参考にこのユニットで学習した文型・文法を使って質問しましょう。

   対話例
   Ｔ：まず、何をしますか。　　　　　Ｓ：ピーマンと人参を切ります。
   Ｔ：切っ**たら**、何をしますか。　　Ｓ：サケの上に置いて（⇨のせて）、焼きます。
   Ｔ：焼く**前に**、サケに何かしますか。　Ｓ：塩とコショウを・・・

話題と活動の広げ方

○「キャラ弁」についてみんなで話してみるのはどうでしょうか。ネットで検索した写真を見せ、目や鼻、口等のパーツを何で作っているのかを考えたり、キャラ弁を自分でデザインしてみるのもおもしろいかもしれません。
○このユニットで学習した以外の食材（特に魚介類）の名前を調べたり、料理や加工食品（竹輪や蒲鉾、こんにゃくなど）の写真を見て、食材や原料について推測してみるのはどうでしょうか。

●学習者用シート　サンプル

Activity 活動

1. Divide the following ingredients into fruits and vegetables, etc.
2. When do these fruits and vegetables come into season?
3. Describe to the teacher and your companions a daily meal that you often make. What is the dish, and how is it prepared?

1．把以下这些食材按"蔬菜"和"水果"分开。
2．这些食材的时鲜季节（最好吃的季节）分别是什么时候？
3．把你常做的料理介绍一个给老师和朋友。那是什么料理，怎么做？

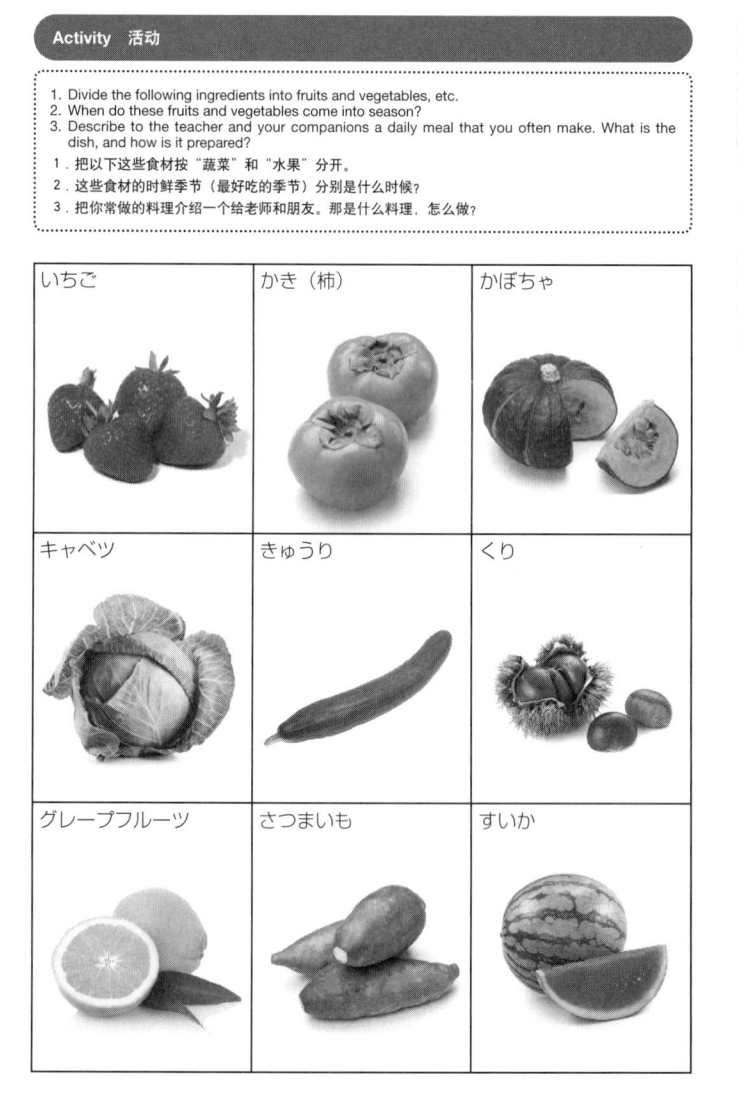

いちご	かき（柿）	かぼちゃ
キャベツ	きゅうり	くり
グレープフルーツ	さつまいも	すいか

UNIT 3　Food　吃的东西

旬の食材を使って
Making seasonal dishes
使用时鲜的食材

Check your level 水平测试

1. What ingredients do you think are used in the following three dishes? How do you think they are prepared? Make suggestions based on the illustrations.
1．你认为下面这3种料理都用了些什么食材。根据插图，想一下这些料理怎么做。

A　B　C

2. Based on the illustrations, explain how the following dish (yakisoba) is prepared.
2．看插图说明下面料理（炒面）的做法。

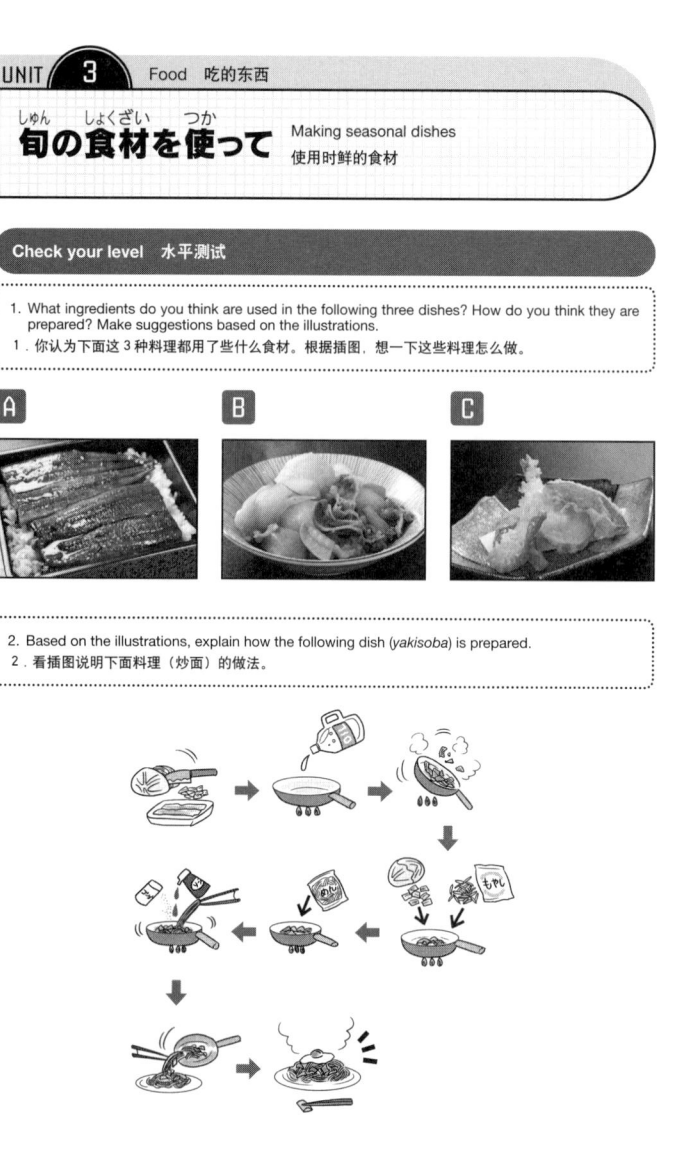

44

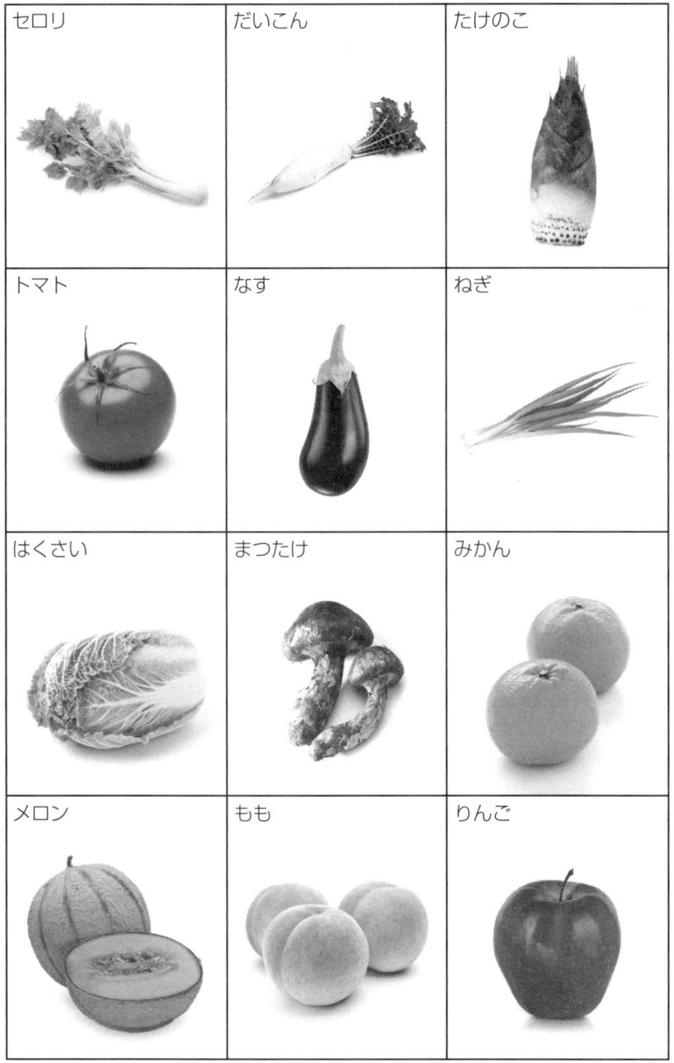

Listening 收听

A woman is talking about meals she has made herself. What ingredients are used in each? Circle the ingredients used.
一位女士正在讲自己做的料理。这些不同料理分别用了些什么食材？请用○把使用的食材圈起来。

1 チャーハン
CD-9

えび　　きゅうり
ねぎ　　パイナップル
ハム　　ピーマン
りんご

2 コロッケ
CD-10

しいたけ　じゃがいも
たけのこ　たまねぎ
チーズ　　にんじん
ひきにく

3 カレー
CD-11

かぼちゃ　ぎゅうにく
セロリ　　とりにく
トマト　　なす
ほうれんそう

たけのこ	ねぎ	みかん	りんご
だいこん	なす	まつたけ	もも
セロリ	トマト	はくさい	メロン

UNIT 3　旬の食材を使って　45

UNIT 4 場所
ここはどこ？

はじめに

　これは道に迷った友人の携帯から送られてきた写真を見て、その友人が今どこにいるかを特定する活動です。「活動」のページの写真（イラスト）と地図を照らし合わせてみてください。例えば3枚目の写真では、左奥に銀行が写っていますね。撮影された位置から銀行が左奥に見えるのは、地図上のAです。このように、写真に写っている建物の位置関係からその写真がどこで撮られたものかを特定し、道に迷った友人を現在地から目的地（＝学習者の自宅）まで導いてあげましょう。

学習目標

- 身近にある店舗や施設の名前を覚える。【語彙①】
- 「右」や「左」、「前」や「となり」などの位置関係を表す語彙を覚える。【語彙②】
- その人なりの言い方で地図上の建物や施設の位置を説明できるようになる。【産出①】
- その人なりの言い方で今いるところから目的地までの道順を説明できるようになる。【産出②】
- そこから何が見えるかを聞き、その人の所在を特定できるようになる。（レベル0と1の学習者）【理解】
- 道案内を聞き、どこをどう行くかを聞き取れるようになる。（レベル2以上の学習者）【理解】

1 レベルチェック

学習者への指示文（訳）
これはあなたが住んでいる町の地図です。あなたのうちの近くにどんな店や施設がありますか。話してください。

　まずは語彙力の確認とレベルチェックです。学習者がうちの近くに何があるかを話すので、まずはそれを聞きましょう。その時、何をどう話すかで学習者のレベルが判定できます。

ステップ1　「これ、銀行」「スーパー、ここ」のように、学習者が単語の羅列で話したら、文で発話できるかどうか確認するために、地図上の建物や施設を1つ1つ指さし、

「これは何ですか」「スーパーはどこですか」と聞き直してみましょう。「これは銀行です」「スーパーはここです」と答えられたら、一応**レベル1**の学習者と判断してよいでしょう。答えられなければ、レベル0の学習者です。

ステップ2
ステップ1をクリアした学習者には、次に「スーパーはどこにありますか」と聞いてみてください。「公園（ハンバーガーショップ）の向かいにあります」とスムーズに答えられれば、一応**レベル2**の学習者と判断してよいでしょう。答えられなければ、レベル1の学習者です。

ステップ3
ステップ2をクリアした学習者には、「駅から図書館までどうやって行きますか」と聞いてみてください。「この道をまっすぐ行きます」「信号を右に曲がります」などの表現を使って単文レベルで説明できたら、その学習者には「私は今駅にいます。でも、図書館はどこですか、わかりません。〇〇さんに電話します。駅から図書館までどうやって行きますか。教えてください」と言い、簡単なロールプレイをしてみましょう。学習者が「〜てください」を使ってどうにか道案内できれば、一応**レベル3**の学習者と判断してよいでしょう。できなければ、レベル2の学習者です。

ステップ4
ステップ3をクリアした学習者には、「信号を右に曲がります。まっすぐ行ってください。2つの文を1つにしてください」と言い、「〜たら」を使った文の接続ができるかどうか確認しましょう。その後で、今度は「この道をまっすぐ行きます。右に郵便局があります。2つの文を1つにしてください」と言い、接続助詞「と」を使った文の接続ができるかどうか確認しましょう[注]。どちらも難なくできれば、一応**レベル4以上**の学習者と判断してよいでしょう。できなければ、レベル3の学習者です。

注　「〜と」を使わずに「〜たら」で答えた場合には「まっすぐ行く…」のように文の出だしを言い、「〜と」を使うように促しましょう。

2 活動

学習者への指示文（訳）
あなたの友だちは、あなたのうちへ遊びに来る途中で道に迷ってしまいました。以下は友だちの携帯から送られてきた写真です。それぞれ地図上のA〜Iのどこで撮られたものか考えましょう。その後で、今いるところからあなたのうちまでの道順を説明してあげてください。

語彙力の確認とレベルチェックが終わったら、いよいよ活動です。まずは、写真に写っ

ている建物や施設が地図上のどこにあるかを確認し、次にその写真がどの方向を向いてとったものかを考えさせましょう。

各レベルの到達目標

レベル0の学習者
- 「右」や「左」、「手前」や「先」など建物や施設の位置関係を表す語彙を覚える。
- 「これは何ですか」「スーパーはどこですか」などの質問に、「これは○○です」「スーパーは○○のとなりです」と答えられるようになる。
- 「これは何ですか」「スーパーはどこですか」と質問できるようになる。
- 筆談やジェスチャー、時には媒介語を交えつつ、どうにか所在を特定した根拠を説明できるようになる。

▶道案内については、言葉で表現するのはまだ無理なので、どこをどう歩いたか地図を指でなぞって示し、その過程で「まっすぐ行きます」や「左に曲がります」などの語彙を断片的に覚えれば十分です。

レベル1の学習者
- 「スーパーはどこにありますか」「うちのとなりに何がありますか」などの質問に「○○にあります」「○○があります」と答えられるようになる。
- 「スーパーはどこにありますか」「うちのとなりに何がありますか」と質問できるようになる。
- 文末に「〜から」を使って、所在を特定した根拠を説明できるようになる。

▶道案内については、レベル0と同様、地図を指でなぞりながら、どうにか説明できれば十分です。

レベル2の学習者
- 「この道をまっすぐ行きます」「信号を右に曲がります」など、道案内をするために必要な語彙を覚える。
- 「この道をまっすぐ行ってください。そうすると、○○に○○があります」のように、「〜てください」や「そうすると」を使って、談話レベルでどうにか道案内できるようになる。また、その前提として動詞を「テ形」に変換できるようになる。
- 所在を特定した根拠について「〜ですから、〜」「〜ますから、〜」のように、文中に「〜から」を使って説明できるようになる。

レベル3の学習者
- 「まっすぐ行くと、信号があります」や「橋を渡ると、右に図書館が見えます」のような「〜

と」を使った発話を理解・産出できるようになる。
- 「信号を右に曲がったら、まっすぐ行ってください」のような「〜たら」を使った発話を理解・産出できるようになる。
- 所在を特定した根拠について「〜るから、〜」「〜ないから、〜」のように、普通形に「〜から」を付けて説明できるようになる。また、その前提としてデス・マス形を普通形に変換できるようになる。

▶ ここでは「と」と「〜たら」の違いを、文の後件に「行為の結果」が来るか、「次なる行為」が来るかで使い分けることにします（文型として整理すると、「〜と、〜があります／見えます」「〜たら、〜してください」のようになります）

レベル４以上の学習者：50ページの「プリントで扱う文型・文法」を参照

活動の手順

1. 学習者を２〜３人の小さなグループに分け、みんなで考えさせましょう。学習者が１人静かに考えることを好む場合は、まずは１人１人別々に考えさせ、その後で意見交換させるようにしましょう。

2. 考えがまとまったら、それを日本語で報告させます。その際、結論だけでなく、どうしてそう思うのか理由も聞くようにしましょう。学習者の答えが間違っている時は、以下の対話例のように、学習者が気づいていないポイントを指摘し、正解に導いてあげてください。

    レベル１の学習者の場合（４番のイラストを見ながら）
    T：友だちは今どこにいますか。
    S：ここです。Hにいます。
    T：どうしてわかりますか。
    S：写真の右に郵便局があります。
    T：（地図を指さしながら）**でも、郵便局はこことここにもありますよ。**
    S：あ、・・・。
    T：郵便局の近くに何がありますか。
    S：喫茶店があります。
    T：どこにありますか。
    S：郵便局のななめ…むこうです。
    T：Hはどうですか。
    S：向かいです。あ、・・・。

3. 全ての写真の撮影地が特定できたら、最後の写真が撮られた場所（＝Ｅ）から目的地（＝学習者のうち）までの道順を説明させましょう。その際、学習者が話した内容をホワイトボードに板書し、ポイントを整理しましょう（学習者が書き写しやすいよう、できるだけ簡潔に書くようにしてください）。

❸ プリント学習

　ここではレベルチェックと活動で断片的に学んできた語彙を整理し、かつレベルチェックで回避した文型・文法の学習をします。

1. 文法学習プリントを配付してください。

2. 学習者が答えを書き終わったら、間違いがないかチェックしてあげてください。その際、学習者に必ず自分が書いた答えを音読させましょう。

プリントで扱う文型・文法（「＊」はレベル０）

- レベル❶
  - 名詞文（非過去）＊【建物の位置の説明】
    ⇨「これ（ここ）は〜です」「〜はどこですか」など
  - 「〜は〜にあります」【建物の位置の説明】
  - 「〜に〜があります」【建物の位置の説明】
  - 「〜ですから／〜ますから」（文末）【根拠】
- レベル❷
  - テ形の作り方
  - 「〜てください」【道順の説明】
  - 「そうすると、〜」【道順の説明】
  - 「〜から、〜」（デス・マス形による接続）【根拠】
- レベル❸
  - 「〜と、〜」【道順の説明】
  - 「〜たら、〜てください」【道順の説明】
  - 「〜から、〜」（普通形による接続）【根拠】
- レベル❹
  - 「〜たら」と「〜と」の使い分け
  - 「〜と、〜から、〜てください」【道順の説明】
  - 「〜て、〜と、〜ます」【道順の説明】
  - 「〜し、〜から、〜にいます」【根拠・推量】

❹ 確認と練習

　プリントで学習した文型・文法を使って、友だちの所在を特定した根拠と目的地までの道順をもう一度話させましょう。２度目の練習ですから、１度目とは異なり、今度は内容

と表現の両方に焦点を当てて話させるようにしてください。

5 リスニング

学習者への指示文（訳）
1. 道に迷った女性が知り合いに電話をしています。この人は今どこにいますか。
2. 女の人が駅から相手のうちまでの行き方を電話で尋ねています。この人はどこをどう歩いて、どこへ行きますか。相手のうちに「×」を書きなさい。会話は2つあります。

1. まずは課題1で郵便局と喫茶店の位置関係を聞きとりましょう。会話はナチュラル・スピードですし、レベル0やレベル1の学生には理解できない語彙・表現も含まれているので、最初は面食らうかもしれませんが、地図上の店舗や施設と位置関係を表す語彙さえ聞き取れれば解答できるはずです。レベル0とレベル1の学習者はこれで終わりです。

2. レベル2以上の学習者には課題2で道順の聞き取りをさせましょう。CDは何度聞いても構いません。学習者が解答を終えたら、答えを確認しましょう。その後、時間的に余裕があれば、駅から相手の居場所までの道順を、復習を兼ねて説明させてみるのもよいと思います。

話題と活動の広げ方

○鳥取砂丘や嵯峨野の竹林などの美しい風景写真を見せ、その写真が日本のどこで撮られたのかを、みんなで話してみるのはどうでしょうか。釧路湿原を舞う鶴、家の入口に飾られたシーサーなど、場所を特定するのにヒントになりそうな特徴的なものが写った写真を使うとよいでしょう。

○道案内のロールプレイをしてみるのはどうでしょうか。近所にあるお気に入りの店や場所を紹介し、今いる場所や最寄りの駅からの道順を説明したり、あなたの説明を聞いて地図を描かせたりしてみましょう。

● 学習者用シート　サンプル

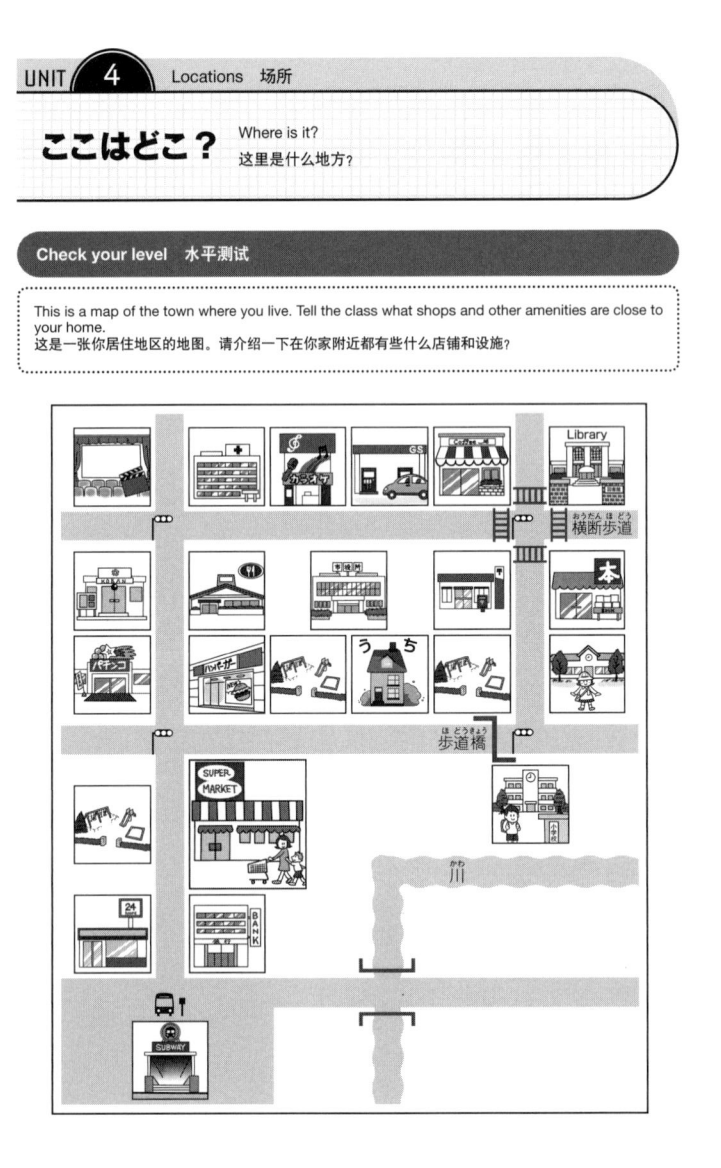

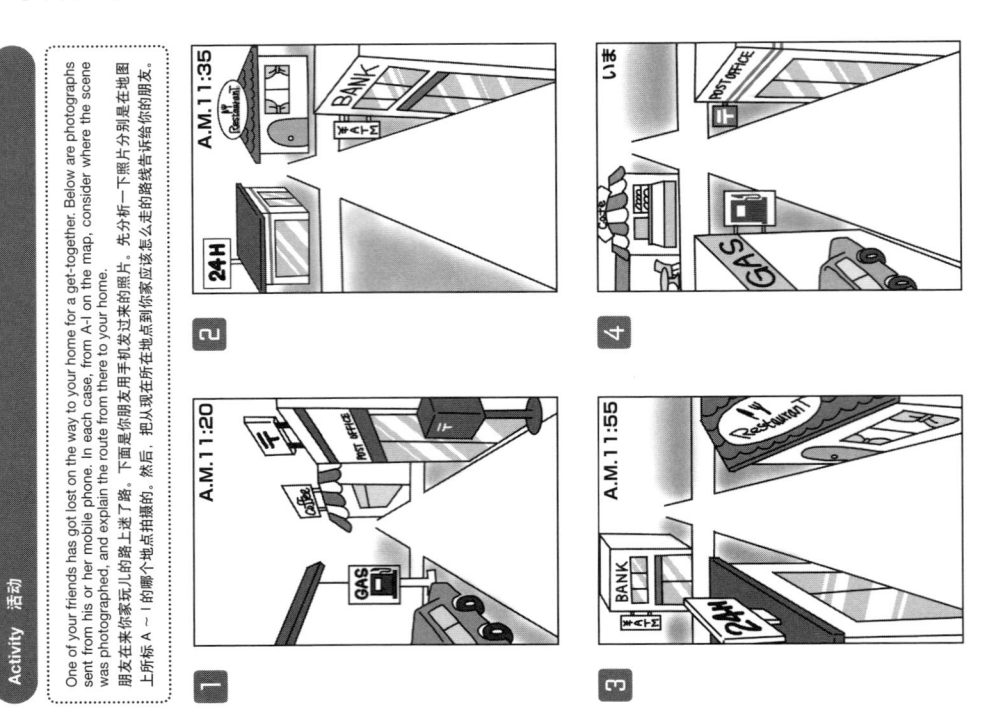

Activity 活动

One of your friends has got lost on the way to your home for a get-together. Below are photographs sent from his or her mobile phone. In each case, from A-I on the map, consider where the scene was photographed, and explain the route from there to your home.
朋友在来你家玩儿的路上迷了路。下面是你朋友用手机发过来的照片。先分析一下照片分别是在地图上所标 A～I 的哪个地点拍摄的，然后，把认为现在所在地点路线告诉给你的朋友。

UNIT 4　Locations　场所

ここはどこ？

Where is it?
这里是什么地方

Check your level　水平测试

This is a map of the town where you live. Tell the class what shops and other amenities are close to your home.
这是一张你居住地区的地图。请介绍一下在你家附近都有些什么店铺和设施？

52

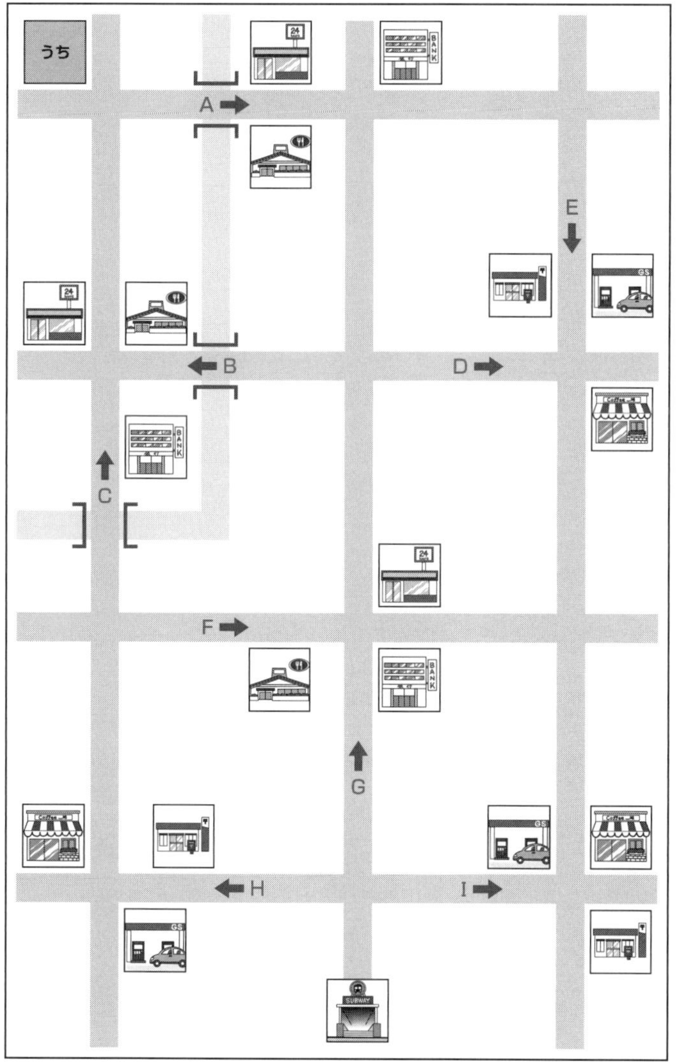

Listening 收听

1. A woman who has got lost makes a phone call to an acquaintance. Where is that lost person now?
一位迷路的女士正在给她的熟人打电话。她现在在什么地方?
CD-12〜14

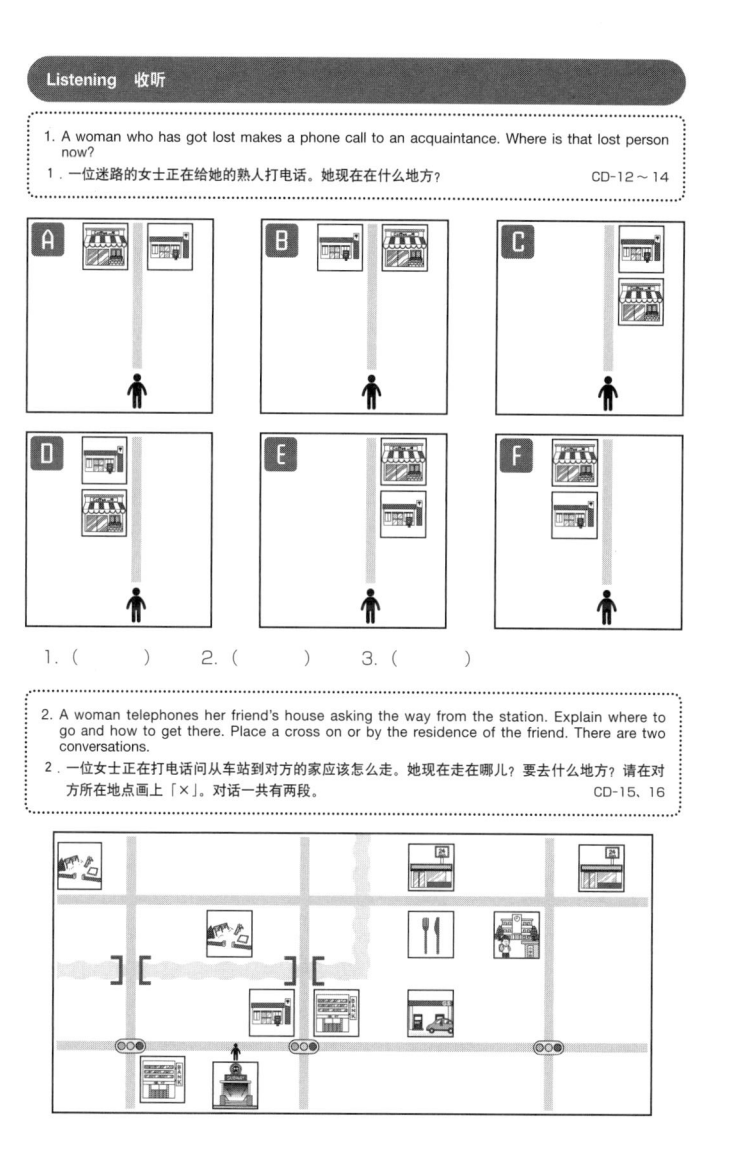

1. (　) 2. (　) 3. (　)

2. A woman telephones her friend's house asking the way from the station. Explain where to go and how to get there. Place a cross on or by the residence of the friend. There are two conversations.
一位女士正在打电话问从车站到对方的家应该怎么走。她现在在哪儿? 要去什么地方? 请在对方所在地点画上 [×]。对话一共有两段。
CD-15, 16

UNIT 4　ここはどこ？　53

UNIT 5　習い事

1週間のスケジュール

▶ はじめに

　みんなで何かをいっしょにやろうとする時、お互いの都合や希望を聞き、調整することはよくあります。これは、公民館で開かれている教室にいっしょに参加しようと思っている3人が、お互いのスケジュールを確認し、それぞれの希望の上位にある習い事を（できれば複数）いっしょにするためにはどうすればいいかを考える活動です。しかも、3人のうちの1人は習うだけでなく、自分も外国語教室か料理教室で教えてみたいと思っているようです。どんなスケジュールを組めば、3人の希望が(ある程度)叶えられるでしょうか。

▶ 学習目標

- 曜日、時間、費用などについて説明するのに必要な語彙を覚える。【語彙】
- その人なりの言い方でその教室の開講日や開講時間、会費などについて説明できるようになる。【産出①】
- その人なりの言い方でその教室の内容や参加条件などについて説明できるようになる。【産出②】
- 教室の開講日や開講時間、参加費などの情報を聞き取れるようになる。【理解】

1　レベルチェック

学習者への指示文（訳）
これは公民館の掲示板に貼り出された教室の案内と求人情報です。先生が質問用紙を渡すので、その質問に答えてください。

　まずは語彙力の確認とレベルチェックです。質問用紙を学習者に渡してください。学習者がそこに書かれている質問に答えるので、まずはそれを聞きましょう。その時、何をどう話すかで学習者のレベルが判定できます。

学習者への質問（訳）
　1. A～Dは何の教室ですか。
　2. レッスンは何曜日ですか。

3. レッスンは何時から何時までですか。
4. AとBの会費はいくらですか。
5. A〜Dは何をしますか。
6. Aは経験がなければなりませんか。
7. Bは衣装を買わなければなりませんか。
8. CとDは何をする人を探していますか。
9. Dは日本語が上手じゃなければなりませんか。
10. Dは1週間に1回だけでもいいですか。

ステップ1　まず、1〜4の質問に「フラダンスです」「火曜日と金曜日です」「2時から4時までです」「2,000円です」のように答えられるか確認しましょう。その後で、学習者に質問用紙を見ないように促し、1〜4の質問を今度は口頭で(日本語で)聞き直してみましょう。難なく答えられれば、一応**レベル1**の学習者と判断してよいでしょう。答えられなければ、レベル0の学習者です。

ステップ2　ステップ1をクリアした学習者には、質問5について聞いてみましょう。「フラダンスを踊ります」や「料理を教えます」などとスムーズに答えられれば、一応**レベル2**の学習者と判断してよいでしょう。答えられなければ、レベル1の学習者です。

ステップ3　ステップ2をクリアした学習者には、6と7の質問について、まず日本語に翻訳させ、その後で答えを聞いてみましょう。「(Aは)経験がなければなりませんか」「いいえ、(経験が)なくてもいいです」、「(Bは)衣装を買わなければなりませんか」「いいえ、買わなくてもいいです」とスムーズに答えられれば、一応**レベル3**の学習者と判断してよいでしょう。答えられなければ、レベル2の学習者です。

ステップ4　ステップ3をクリアした学習者には、最後に、質問8〜10について聞いてみましょう。質問8に「自分の国の料理を教える人を探しています」のように連体修飾節を使って答えられ、質問9と10に「上手じゃなくてもいいです」「1回だけでもいいです」のように、「〜てもいい」や「〜なくてもいい」を形容詞や名詞に付けて使えれば、一応**レベル4**以上の学習者と判断してよいでしょう。できなければ、レベル3の学習者です。

2 活動

> **学習者への指示文（訳）**
> あなたは日本語教室の友だち2人といっしょに習い事をしようと思い、自宅近くの公民館を訪れ、そこで前のページとこのページの案内を見つけました。あなたは人に何かを教わるだけじゃなく、自分も何かを教えてみたいと思っています。友だちといっしょに同じ習い事を、できれば2つ以上し、かつ、あなたは母国語か母国の料理を教えられるよう、スケジュールを組んでみましょう。3人はどの習い事についても初心者です。

　語彙力の確認とレベルチェックが終わったら、いよいよ活動です。3人の希望と条件に合うように1週間のスケジュールを組んでみましょう（この活動には「正解」が複数あります）。

各レベルの到達目標

レベル0の学習者
- レッスンの内容や曜日・時間、費用などについて説明するのに必要な語彙を覚える。
- 「これは何の教室ですか」「（生け花は）何曜日ですか」「何時から何時までですか」「会費はいくらですか」などの質問に「生け花です」「月曜日と水曜日です」「1時から3時までです」「無料です」などと答えられるようになる。
- 「これは何の教室ですか」「（生け花は）何曜日ですか」「何時から何時までですか」「会費はいくらですか」と質問できるようになる。

レベル1の学習者
- 「踊ります」や「教えます」、「作ります」などの語彙を使ってその教室で何を学ぶのかを説明できるようになる。
- レッスンの回数と頻度について「1週間に1回」「全部で10回」などと説明できるようになる。
- 1週間のスケジュールについて「木曜日に料理を教えます」「金曜日の午後フラダンスを習います」などと説明できるようになる。
- 「日本語がわかりません。でも、大丈夫です」のように、「大丈夫」を使って参加条件について説明できるようになる。

レベル2の学習者
- 「〜なければなりません」や「〜なくてもいいです」を使って参加条件について説明できるようになる。また、その前提として動詞を「ナイ形」に変換できるようになる。

レベル3の学習者
- 求人や教室の内容について「料理を教える人を探しています」「生け花を習う教室です」のように、連体修飾節を使って説明できるようになる。
- 「日本語が上手じゃなければなりません」や「1日だけでもいいです」のように、「〜なければなりません」や「〜てもいいです／〜なくてもいいです」を形容詞や名詞に付けて参加条件について説明できるようになる。

レベル4以上の学習者：58ページの「プリントで扱う文型・文法」を参照

活動の手順

1. 学習者を2〜3人の小さなグループに分け、みんなでいっしょに考えさせましょう。学習者が1人静かに考えることを好む場合は、まずは1人1人別々に考えさせ、その後でそれぞれが組んだスケジュールを見せ合い、3人の希望と条件をクリアできているかどうか学習者同士でチェックさせましょう。

2. スケジュールが完成したら、それを日本語で報告させます。

3. 学習者が話した内容をホワイトボードに板書し、ポイントを整理しましょう。その際学習者が書き写しやすいよう、できるだけ簡潔に書くようにしてください。

3 プリント学習

ここではレベルチェックと活動で断片的に学んできた語彙を整理し、かつレベルチェックで回避した文型・文法の学習をします。

1. 文法学習プリントを配付してください。

2. 学習者が答えを書き終わったら、間違いがないかチェックしてあげてください。その際、学習者に必ず自分が書いた答えを音読させましょう。

プリントで扱う文型・文法(「＊」はレベル0)

レベル1
- 名詞文(非過去)＊【教室の紹介】
  ⇨「これは何の教室ですか」「〜は何曜日ですか」「〜は〜時から〜時までです」「〜はいくらですか」など
- 動詞文(非過去)【教室の紹介】
  ⇨「〜を教える」「〜を作る」「〜を習う」など

- 「(曜日)に」「(期間)に〜回」「全部で〜回」【教室の紹介】
- 「〜ません。(でも)大丈夫です」【条件の説明】

レベル❷
- ナイ形の作り方
- 「〜なければなりません」【条件の説明】
- 「〜なくてもいいです」【条件の説明】

レベル❸
- 連体修飾節【求人や教室の紹介】
  ⇨「〜できる人を探しています」「〜する教室です」など
- 「〜(名)でもいいですか」【条件の説明】
  ⇨「1日だけでもいい」「初めてでもいい」
- 「〜(形・名)なければなりません」【条件の説明】
- 「〜(形・名)なくてもいいです」【条件の説明】

レベル❹
- 連体修飾節(従属節内で文接続)【教室の紹介】
  ⇨「料理を作って、みんなで食べる教室です」など
- 「〜(他の表現)なければなりません」【条件の説明】
- 「〜(他の表現)なくてもいいです」【条件の説明】
- 「〜てみませんか」【教室の紹介】

4 確認と練習

　プリントで学習した文型・文法を使って、8つの教室の案内の内容と学習者が組んだスケジュールについてもう一度説明させましょう。2度目の練習ですから、1度目とは異なり、今度は内容と表現の両方に焦点を当てて話させるようにしてください。

5 リスニング

学習者への指示文(訳)
4人の人が公民館で開かれている教室について問い合わせをしています。会話を聞いて空欄を埋めなさい。

1. まずは開講日と時間、会費を聞き取らせましょう。会話はナチュラル・スピードですし、レベル0やレベル1の学生には理解できない語彙・表現も含まれているので、最初は面食らうかもしれませんが、この3つの情報だけならどうにか拾えるはずです。CDは何度聞いても構いません。

2. 学習者が解答を終えたら、答えを確認しましょう。レベル0の学習者はこれで終わりです。それ以外の学習者には以下の質問例を参考にもう少し細かな内容まで聞き取らせるようにしましょう。

質問の例
1. 音楽教室は1週間に何回ですか。
2. 経験がなければなりませんか。／初めてでもいいですか。
3. 日本語を初めて勉強する人の教室は何曜日ですか。
4. その他、内容理解を確認する質問

話題と活動の広げ方

○「日本の子供たちはどんな習い事をしているのか」、また「なぜそれが人気なのか」などについて、みんなで話してみるのはどうでしょうか。また、身近な人に「子供の時、どんな習い事をしていたか」と聞き、現在と比較してみるのもおもしろいかもしれません。

○身近な公共施設に電話をし、開館時間や休館日を聞くロールプレイをしたり、アルバイトの求人広告を見て、勤務時間や時間給などの条件を比較してみるのはどうでしょうか。

●学習者用シート　サンプル

UNIT 5　Taking a course　技芸学习

1週間のスケジュール
A weekly timetable
一个星期的日程表

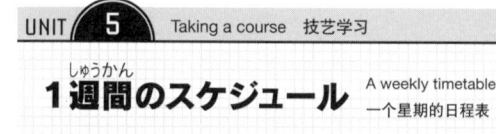

Check your level　水平測試

The illustrations show course information and jobs wanted adverts posted on the noticeboard of the community hall. Answer the questionnaire handed to you by the teacher.

这是公民会馆示眾牌上张贴的培训班介绍和招聘信息。请回答老师所发问卷上的问题。

A いっしょに花を生けませんか？
月曜日 13:00～15:00
または
水曜日 10:00～12:00（初めての人）
会費 3,000円（花代）

B いっしょに踊りませんか？
火曜日 14:00～16:00
または
金曜日 11:00～13:00
会費 2,000円（1か月）
レンタル衣装（無料）

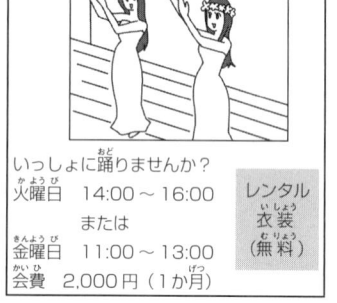

C あなたの国の言葉を教えてみませんか　先生、募集！
水曜日 10:00～12:00
または
金曜日 10:00～12:00
3カ月（全10回）
経験不問

D あなたの国の料理を教えてみませんか　先生、募集！
火曜日 10:00～13:00
または
金曜日 10:00～13:00
※日本語で教えます

Activity　活動

Intending to take some lessons with two friends from the Japanese course, you visit the community hall near your home where you find the information given on this and the previous page. You are thinking about not only what would you like to try teaching yourself, but also what would you like to teach. Try compiling a schedule in which you take the same courses (at least two) as your friends, and you teach about the language or cuisine of your country. You and your friends are beginners in all subjects.

你想和日语培训班的两个朋友一起参加技艺学习，就去了家附近的公民会馆，在那儿看到了一页和这一页上所写的信息。于是，你想不光是去哪儿什么，自己也可以试着教些什么。编排一张这样的日程表：和朋友一起去学习相同的技艺，尽可能去学再种以上，另外你自己还能去教母語或者本国的料理。不论哪种技艺，三个人都是初学者。

E いっしょに茶道を学びませんか？
月曜日 11:00～13:00
または
木曜日 11:00～13:00（初めての人）
会費 5,000円（全10回）

F いっしょに作りませんか？
第2・第4火曜日 10:00～12:00
または
第1・第3木曜日 13:00～15:00（初めての人）
会費 2,500円（1か月）

G いっしょに字を書きませんか？
水曜日 14:00～16:00
または
金曜日 14:00～16:00
会費 3,000円（全10回）
※定員は公民館にあります

H いっしょに日本の歌を歌いませんか？
月曜日 13:00～15:00
または
木曜日 13:00～15:00
会費 1,500円（1か月）

Listening 收听

Four people ask questions about the courses being offered at the community hall. While listening to the conversation, fill in the boxes.
有四个人正在咨询关于在公民会馆开办的培训班的事情。请听对话填空。

1 CD-17

いっしょに演奏しませんか？
① 曜日 〜
② 曜日 〜
会費　　　円／１か月

2 CD-18

みんなで勉強しませんか？
① 曜日 〜
② 曜日 〜
会費　　　円／３か月

3 CD-19

いっしょに絵を描きませんか？
① 曜日 〜
② 曜日 〜
会費　　　円／１か月

4 CD-20

日本の料理を作って、食べましょう！
① 曜日 〜
② 曜日 〜
会費　　　円／１回

あなたのスケジュール

	月	火	水	木	金
10:00〜	×				
11:00〜		×			
12:00〜					
13:00〜					
14:00〜				×	
15:00〜				×	

希望
1 茶道
2 生け花
3 陶芸
4 フラダンス
5 書道
外国語 > 料理

ともだちAさんのスケジュール

	月	火	水	木	金
10:00〜					
11:00〜					
12:00〜					
13:00〜		×		×	
14:00〜		×		×	
15:00〜		×		×	

希望
1 フラダンス
2 カラオケ
3 生け花
4 陶芸
5 茶道

ともだちBさんのスケジュール

	月	火	水	木	金
10:00〜	×			×	
11:00〜	×			×	
12:00〜					
13:00〜					
14:00〜					
15:00〜					

希望
1 生け花
2 陶芸
3 茶道
4 フラダンス
5 カラオケ

UNIT **5**　１週間のスケジュール　61

UNIT 6　健康

ダイエット計画

▶はじめに

　これは自分の適正体重を計算し、増えすぎた体重を一定期間内に目標値まで減らすにはどうすればいいかを考える活動です。適正体重は「身長（m）× 身長（m）× BMI 22」という計算式で産出します。例えば、身長が170㎝で体重が70kgの人の場合、適正体重は「1.7×1.7×22」で約63.6kgですから、6.4kgオーバーしていることになります。体重1kgをカロリーに換算するとおよそ7,000kcalですから、単純に考えると、この人は運動で44,800kcal（＝6.4kg×7,000kcal）消費するか、食事を44,800kcal減らせばいいわけです。では、90日間で6.4 kg減らすという目標を立てた場合、この人は食生活をどう改善し、どんな運動をすればいいでしょうか。

▶学習目標

● 日常の運動や食事、生活習慣に関する語彙を覚える。【語彙】
● その人なりの言い方で毎日の運動や食生活について話せるようになる。【産出①】
● その人なりの言い方で健康面で何をどう気をつければいいかを話せるようになる。【産出②】
● 健康に関する質問を聞き取り、それに答えられるようになる。【理解】

1 レベルチェック

> **学習者への指示文（訳）**
> 1. 以下の運動による1時間当たりの消費カロリーはどのくらいだと思いますか。
> 2. あなたは以下の運動をよく（ときどき）しますか？ それともあまり（ぜんぜん）しませんか？
> 3. カルロスさんの日常生活を見て、健康のために何かアドバイスしてあげましょう。

　まずは語彙力の確認とレベルチェックです。学習者が上記3つの課題について話すので、それを聞きましょう。その時、何をどう話すかで学習者のレベルが判定できます。各運動の消費カロリーは以下の通りです（大まかな目安です）。

　　　歩行　　　　　242kcal（1時間）　　　ジョギング（軽い）　　448kcal（1時間）

自転車	391kcal（1時間）	水泳（平泳ぎ）	637kcal（1時間）
リズム体操	476kcal（1時間）	テニス	465kcal（1時間）
体操（軽め）	179kcal（1時間）		

参考：http://www.eiyoukeisan.com/syouhi/syouhi_in_def.html（注．30代女性 体重62kgで計算）

ステップ1　課題1で学習者が各運動による消費カロリーについて答える時、「歩きます、〇〇カロリー。泳ぎます、〇〇カロリー」のように動詞が出てきたら、一応レベル1の学習者と判断してよいでしょう。「散歩、〇〇カロリー」「swimming、〇〇カロリー」のように、動詞ではなく名詞あるいは他言語（母語、英語等）で答えた時は、「1時間歩きます。何カロリーですか」「1時間泳ぎます。何カロリーですか」と聞き直してみましょう。「歩きます」や「泳ぎます」の意味がわからないようだったら[注]、レベル0の学習者です。

注　「体操する」は初心者では未習の可能性が高いので、発話に出てこなくても問題ありません。

ステップ2　ステップ1をクリアした学習者には、これらの運動を日常的にどの程度しているかを聞いてみましょう（課題2）。「毎日歩きます」「あまりしません」のように、頻度を表す副詞を使ってスムーズに答えられたら、一応レベル2の学習者と判断してよいでしょう。答えられなければ、レベル1の学習者です。

ステップ3　ステップ2をクリアした学習者には、課題3についても聞いてみましょう。「〜ほうがいいです」を使って「運動したほうがいいです」「あまりお酒を飲まないほうがいいです」と答えるか、「〜てください」や「〜ないでください」を使って「もっと運動してください」「あまりお酒を飲まないでください」とスムーズに答えられれば、一応レベル3の学習者と判断してよいでしょう。答えられなければ、レベル2の学習者です。

ステップ4　ステップ3をクリアした学習者には、最後に、「運動したいですけど、時間がありません。どうすればいいですか」と聞いてみましょう。「〜ば」を使って、「毎朝自転車で会社に行けばいいです」のようにスムーズに答えられたら、**レベル4以上**の学習者と判断してよいでしょう。できなければ、レベル3の学習者です。

2　活動

> **学習者への指示文（訳）**
> カリナさんは日本に来てから、食生活の変化やストレスが原因でずいぶん太ってしまいました。そこで、ダイエットをし、体重を適正体重まで戻すことにしました。以下の手順でダイエットの計画を立て、カリナさんにアドバイスしてあげましょう。

　語彙力の確認とレベルチェックが終わったら、いよいよ活動です。以下は学習者用の教材に書かれている指示文を翻訳したものです。最初にカリナさんの肥満度を計算し、その後で90日間で適正体重に戻すには1日何kcal消費すればいいか計算します。その結果をもとにダイエットの計画を立ててみましょう。

学習者への指示内容（訳）

1. カリナさんのBMIを計算しましょう！
   BMI　＝　体重 [　　　] kg　÷　身長 [　　　] m　÷　身長 [　　　] m
   判定基準：18.5〜25（適正）　25〜30（軽度の肥満）　30〜35（中程度の肥満）
   　　　　　35〜40（高度の肥満）　40以上（超高度の肥満）

2. カリナさんの適正体重を計算しましょう！
   適正体重　＝　身長 [　　　] m　×　身長 [　　　] m　×　22

3. カリナさんの一日に必要なカロリーを計算しましょう！
   一日に必要なカロリー　＝　適正体重 [　　　] kg　×　30

4. カリナさんは何キロダイエットすればいいですか？
   現在の体重 [　　　] kg　—　適正体重 [　　　] kg　＝　[　　　] kg

5. カリナさんのダイエット計画を立てましょう。
   ⓐ 90日で適正体重まで減らすには、1日何kcal減らせばいいですか。
   [　　　] kg　×　7,000kcal　÷　90日　＝　[　　　] kcal
   ⓑ 180日ならどうですか。
   [　　　] kg　×　7,000kcal　÷　180日　＝　[　　　] kcal

6. レベルチェックにある各運動の消費カロリーと以下の食事のカロリーを見て、どうすれば目標達成できるか考えましょう。90日や180日では難しい場合は、何日なら無理なくダイエットできるか考えてみましょう。

各レベルの到達目標

レベル0の学習者
- 「〜キロ」や「〜メートル」「〜センチ」などの身長や体重を表す単位の言い方を覚える。
- 「〜日」や「〜時間」「〜分」などの時間を表す単位の言い方を覚える。

- 熱量を表す単位（〜カロリー）の言い方を覚える。
- 「歩きます」「泳ぎます」などの運動や、「食べます」「飲みます」などの食生活に関する語彙を覚える。

レベル1の学習者
- 「ときどき」「あまり」「ぜんぜん」などの頻度を表す副詞を使って毎日の運動や食生活、生活習慣について話せるようになる。
- 運動などの頻度や量について「1週間に1回」や「毎日1時間」のように説明できるようになる。
- 「もっと」や「できるだけ」などの副詞的表現を使って「もっと運動しましょう」「できるだけ歩きましょう」のように健康に関するアドバイスができるようになる。

レベル2の学習者
- 「〜てください」や「〜ないでください」を使って健康に関するアドバイスができるようになる。また、その前提として動詞を「テ形」や「ナイ形」に変換できるようになる。
- 「〜たほうがいいです」や「〜ないほうがいいです」を使って健康に関するアドバイスができるようになる。また、その前提として動詞を「夕形」と「ナイ形」に変換できるようになる。

レベル3の学習者
- 「毎朝公園を歩いています」のように、「〜ています」を使って健康面で日常的に気をつけていることを話せるようになる。
- 「〜ばいいですか」を使って健康に関するアドバイスを求め、「〜といいです」を使ってそれに答えることができるようになる。また、その前提として動詞を「条件形」に変換できるようになる。

レベル4以上の学習者：66ページの「プリントで扱う文型・文法」を参照

活動の手順

1. みんなでいっしょに考えさせましょう。学習者が1人静かに考えることを好む場合はまずは1〜5の計算を1人1人別々にさせ、その後、学習者同士で答え合わせをさせましょう。個人レッスンの場合は、学習者が計算するのを見守りながら、計算が間違っていないか随時チェックしてあげましょう。

2. 計算が終わって、1日何kcal減らせばいいかはっきりしたら、目標値を達成するためにはカリナさんにどうアドバイスすればいいかみんなでいっしょに考えさせましょう。

3. 考えがまとまったら、それを日本語で報告させます。

4. 学習者が話した内容をホワイトボードに板書し、ポイントを整理しましょう。その際学習者が書き写しやすいよう、できるだけ簡潔に書くようにしてください。

③ プリント学習

ここではレベルチェックと活動で断片的に学んできた語彙を整理し、かつレベルチェックで回避した文型・文法の学習をします。

1. 文法学習プリントを配付してください。

2. 学習者が答えを書き終わったら、間違いがないかチェックしてあげてください。その際、学習者に必ず自分が書いた答えを音読させましょう。

プリントで扱う文型・文法（「＊」はレベル０）

レベル❶
- 身長と体重の単位（「〜キロ」「〜メートル」「〜センチ」）＊
- 時間の単位（「〜日」「〜時間」「〜分」）＊
- 熱量の単位（「〜カロリー」）＊
- 動詞文（非過去）＊【生活習慣の説明】
  ⇨「歩く」「泳ぐ」「食べる」など
- 頻度を表す副詞（「ときどき」「あまり」「ぜんぜん」など）【生活習慣の説明】
- 「（期間）に〜回」「毎日〜時間」【生活習慣の説明】
- 「もっと〜ましょう」「できるだけ〜ましょう」【健康に関するアドバイス】

レベル❷
- テ形、タ形、ナイ形の作り方
- 「〜てください／〜ないでください」【健康に関するアドバイス】
- 「〜た／ないほうがいいです」【健康に関するアドバイス】

レベル❸
- 条件形の作り方
- 「〜ています」（習慣的行為）【生活習慣の説明】
- 「〜んですけど、〜ばいいですか」【健康に関するアドバイス】
- 「それなら、〜といいです」【健康に関するアドバイス】

レベル❹
- 「〜たほうがいいです」と「〜といいです」の使い分け
- 「〜て、〜ようにしています」【生活習慣の説明】
- 「〜ないで、〜ようにしています」【生活習慣の説明】

4 確認と練習

　プリントで学習した文型・文法を使って、ホワイトボードに板書した学習者のダイエット計画をもう一度話させましょう。2度目の練習ですから、1度目とは異なり、今度は内容と表現の両方に焦点を当てて話させるようにしてください。

5 リスニング

学習者への指示文（訳）
男の人が健康診断で看護師さんの質問に答えています。2人の会話を聞いて、以下の表を完成させなさい。

1. まずは男の人の身長と体重、生活習慣に関する情報を聞き取らせましょう。会話はナチュラル・スピードですし、レベル0やレベル1の学生には理解できない語彙・表現も含まれているので、最初は面食らうかもしれませんが、この3つの情報だけならどうにか拾えるはずです。CDは何度聞いても構いません。

2. 学習者が解答を終えたら、答えを確認しましょう。レベル0の学習者はこれで終わりです。それ以外の学習者には以下の質問例を参考にもう少し細かな内容まで聞き取らせるようにしましょう。

質問の例
1. この人はどこで散歩していますか。
2. この人はこれから毎日の生活をどう変えると思いますか（例．お酒をあまり飲まないようにする）
3. 毎日の生活でこの人がいつも気をつけていることは何ですか。
4. その他、内容理解を確認する質問

話題と活動の広げ方

○健康維持のために「毎日の生活で気をつけていること」などについて、みんなで話してみるのはどうでしょうか。また、簡単な質問表を作り、1日の睡眠時間や運動の頻度などについてインタビューしてみるのもおもしろいかもしれません。
○様々な食品や料理の摂取カロリーを予想してみるのはどうでしょうか。また、その分を消費するには、どんな運動をどのくらいしなければならないか、考えてみるのはどうでしょうか。

●学習者用シート　サンプル

Activity 活動

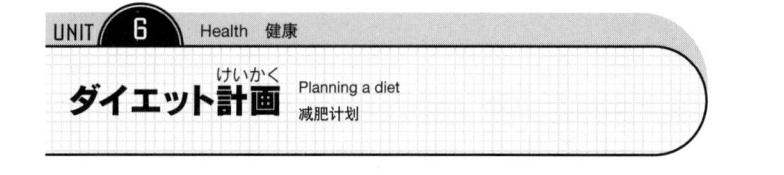

Since she arrived in Japan, Karina has put on a lot of weight, due to the change in diet and stress. So she has gone on a diet until she returns to her normal body weight. Draw up a diet plan for her, based on the following steps, and give her advice.

卡莉娜来日本之后，由于饮食生活的变化和精神一直处于紧张状态，所以胖了许多。于是，她决定要减肥，使体重恢复到健康状态。按照下面的顺序，编制一个减肥计划，给卡莉娜做参考。

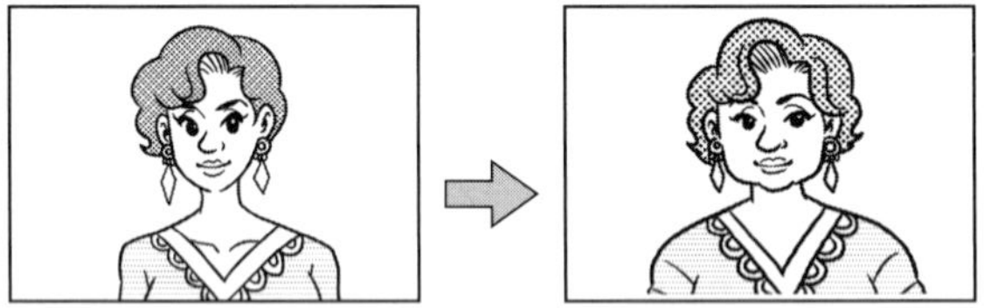

1. Calculate Karina's body mass index

   BMI = body weight [ ] kg ÷ height [ ] m ÷ height [ ] m

   Benchmarks: 18.5 to 25 (normal), 25-30 (slightly overweight), 30-35 (moderately overweight), 35-40 (very overweight), over 40 (extremely overweight).

2. Calculate her regular body weight

   Normal body weight = height [ ] m × height [ ] m × 22 [ ] kg

3. Calculate her daily calorie requirement

   Calories needed per day = normal body weight [ ] kg × 30 [ ] kcal

4. How much weight should Karina try to lose by dieting?

   Current weight [ ] kg − normal body weight [ ] kg = [ ] kg

5. Draw up a dietary plan for Karina

   ⓐ For her to return to her normal weight in 90 days, she needs to reduce daily calorie intake by how much?

   [ ] kg × 7,000 kcal ÷ 90 days = [ ] kcal

   ⓑ In the event of 180 days …

   [ ] kg × 7,000 kcal ÷ 180 days = [ ] kcal

6. Comparing calorie consumption for each activity in Check your level with the following calorie value for meals, how do you think the targets can best be met? If 90 or 180 days are tough, how many days do you think it will be possible to diet without discomfort?

1. 计算一下卡莉娜的BMI。

   BMI = 体重 [ ] kg ÷ 身高 [ ] m ÷ 身高 [ ] m

   判定基准：18.5～25（正常）　25～30（轻度肥胖）　30～35（中度肥胖）
   35～40（重度肥胖）　40以上（超度肥满）

UNIT 6　Health 健康

ダイエット計画

Planning a diet
减肥计划

Check your level 水平测试

1. How many calories do you think you consume in one hour of the following activities?
2. Do you often (or sometimes) do the following activities? Or do you do them only occasionally (or never)?
3. Looking at Carlos' daily lifestyle, what help and advice would you give him to improve his health?

1. 你认为下面的活动一个小时大约消耗多少卡路里？
2. 你经常（有时）做下面的活动，还是不怎么做（完全不做）？
3. 看一下卡鲁罗斯的日常生活，给他提些有益于健康的建议。

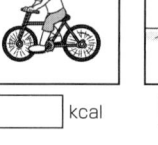

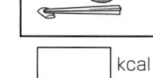

カルロスさんの生活

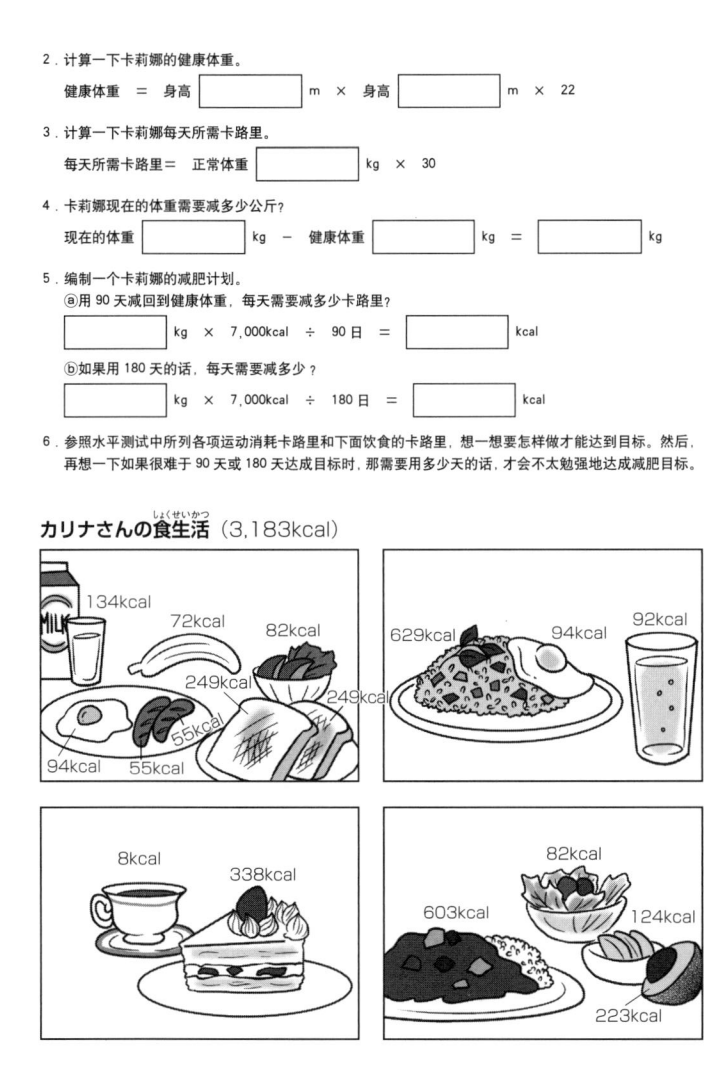

Listening 收听

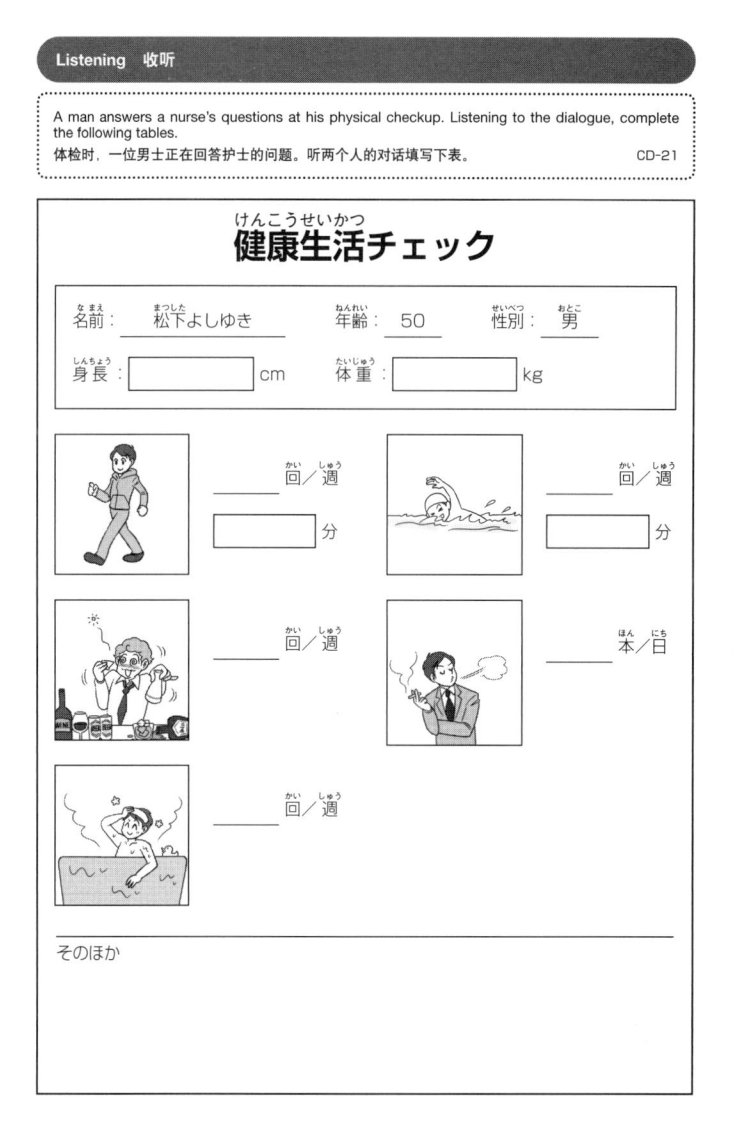

A man answers a nurse's questions at his physical checkup. Listening to the dialogue, complete the following tables.
体检时，一位男士正在回答护士的问题。听两个人的对话填写下表。 CD-21

けんこうせいかつ
健康生活チェック

なまえ 松下よしゆき　　せいべつ 性別：男　　ねんれい 年齢：50　　たいじゅう 体重：□ kg

しんちょう 身長：□ cm

□ かい/しゅう 回/週　　分

□ かい/しゅう 回/週　　分

□ かい/しゅう 回/週　　ほん/にち 本/日

その ほか

---

2. 计算一下卡莉娜的健康体重。
   健康体重 = 身高 □ m × 身高 □ m × 22 = □ kg

3. 计算一下卡莉娜每天所需卡路里。
   每天所需卡路里 = □ kg × 30 = □ kg

4. 卡莉娜现在的体重需要减多少公斤？
   现在的体重 □ kg − 健康体重 □ kg = □ kg

5. 编制一个人的减肥计划。
   ⓐ 用 90 天减到健康体重，每天需要减多少卡路里？
   □ kg × 7,000kcal ÷ 90 日 = □ kcal
   ⓑ 如果用 180 天的话，每天需要减多少？
   □ kg × 7,000kcal ÷ 180 日 = □ kcal

6. 参照水平测试中所列各项运动消耗卡路里和下面饮食项目的卡路里。想一想要怎样做才能达到目标。才会不太勉强地达成减肥目标。再想一下如果很难于 90 天或 180 天达成目标时，那需要用多少天的话。

カリナさんの食生活 (3,183kcal)

94kcal　134kcal　72kcal　249kcal　82kcal　249kcal
55kcal
629kcal　94kcal　92kcal
8kcal　338kcal
603kcal　82kcal　124kcal　223kcal

UNIT 6 ダイエット計画

UNIT 7 旅行

旅行に行こう！

▶ はじめに

あなたは「青春18きっぷ」を知っていますか。これは1日乗車券が5枚セットになったもので、年齢制限はなく、以下の条件で誰でも自由に使えるJRの格安の乗車券（11,850円：1枚あたり2,370円[2014年度現在]）です。このユニットでは、その「青春18きっぷ」を使って九州1周旅行の計画を立てます。この機会に九州だけでなく北海道や四国、東北など日本の観光名所について学習者といっしょに調べてみましょう。

青春18きっぷについて
① この切符を使えるのは3月1日～4月10日（春）、7月20日～9月10日（夏）、12月10日～1月10日（冬）の年3回です。ただし、春に買った切符を夏や冬に使うなど、次のシーズンに持ち越すことはできません。
② 1人で5回に分けて使ってもいいですし、グループでいっしょに使ってもいいです（ただし、グループ旅行の場合は同一行程でなければなりません）。
③ 乗車できるのは普通列車と快速列車だけです。急行や特急には乗れません。

▶ 学習目標

● 電車やバスの乗り降りに関する語彙を覚える。【語彙】
● その人なりの言い方でその土地の観光名所や特産品について説明できるようになる。

【産出①】

● その人なりの言い方で列車の出発時間や到着時間、目的地までの所要時間など、旅程について説明できるようになる。【産出②】
● 目的地までのルートや各地の特産品・観光地などの情報を聞き取れるようになる。【理解】

❶ レベルチェック

学習者への指示文（訳）
これは新幹線の時刻表です。先生が質問用紙を渡すので、地図と時刻表を見ながら、その質問に答えてください。

まずは語彙力の確認とレベルチェックです。質問用紙を学習者に配付してください。学

習者がそこに書かれている質問に答えるので、まずはそれを聞きましょう。その時、何をどう話すかで学習者のレベルが判定できます。

学習者への質問（訳）
　1. はやぶさ7号はどこへ行きますか。
　2. はやぶさ7号は何時に東京を出発しますか。また、何時に新青森に着きますか。
　3. 東京から新青森までどのくらいかかりますか。
　4. 青森、秋田、岩手、宮城、山形、福島の東北6県はそれぞれ何が有名（または、おいしい）ですか。
　5. 山形の蔵王へスキーに行こうと思っています。東京から蔵王スキー場までの行き方を説明してください。
　6. 東京駅ではやぶさ9号に乗ると、何時に新青森に着きますか。
　7. 岩手で観光するなら、どこがいいですか。

ステップ1　まず、1〜3の質問に「新青森へ行きます」「11時51分に新青森に着きます」「3時間かかります」のように、動詞を使って答えられるか確認しましょう。「新青森です」「11時51分です」「3時間です」のように短く答えた時は、「行く」「着く」「かかる」などの動詞を知っているか確認するために、1〜3の質問を今度は口頭でしてみましょう。難なく答えられたら、一応**レベル1**の学習者と判断してよいでしょう。答えられなければ、レベル0の学習者です。

ステップ2　ステップ1をクリアした学習者には、次に質問4について聞いてみましょう。「〜は〜が〜です」という文型を使って「青森はりんごがおいしいです」「岩手は中尊寺が有名です」とスムーズに答えられれば、一応**レベル2**の学習者と判断してよいでしょう。答えられなければ、レベル1の学習者です。

ステップ3　ステップ2をクリアした学習者には、質問5についても聞いてみましょう。「新幹線で仙台まで行って、バスに乗り換えます」のように、テ形を使った文の接続ができれば、一応**レベル3**の学習者と判断してよいでしょう。「新幹線で仙台まで行きます。それから、バスに乗り換えます」のように、単文を連ねて話した時は、「2つの文を1つにしてください」と言って文の接続を促しましょう。それでもできなければ、レベル2の学習者です。

ステップ4　ステップ3をクリアした学習者には、最後に質問6と質問7について聞いてみましょう。質問6に「12時29分に着きます」と短く答えた時は、「9時08分の新幹線に乗ります。新青森に12時29分に着きます。2つの文を1つにしてください」と言って文の接続を促しましょう。また、質問7に「中尊寺です」

のように短く答えた時も、「岩手で観光します。中尊寺がいいです。2つの文を1つにしてください」と言って文の接続を促しましょう。質問6に「～と」を使って、質問7に「～なら」を使って問題なく文の接続ができれば[注]、**レベル4以上**の学習者と判断してよいでしょう。できなければ、レベル3の学習者です。

注　ここで学習者に使わせたいのは「～と」ですが、「～たら」や「～ば」を使った場合も、文の接続ができ、意味的にも間違った使い方ではないので、レベル4以上と判断してかまいません。

2　活動

> **学習者への指示文（訳）**
> あなたは春休みに「青春18きっぷ」を使って九州一周旅行をしようと思っています。「青春18きっぷ」というのは一日乗車券が5枚セットになったもので、年齢制限はなく、JRの各駅停車と快速なら自由に乗り降りできる格安の切符です。以下の手順で旅行の計画を立ててみましょう。

　語彙力の確認とレベルチェックが終わったら、いよいよ活動です（JRの時刻表を用意してください[注]）。以下は学習者用の教材に書かれている指示文を翻訳したものです。最初に6つの観光地がどこにあるかを確認し、その後で指定された条件に合うよう、旅行の計画を立てさせましょう。

注　学習者がタブレット端末やスマートフォンを持っていれば、乗り換え案内のアプリを使うのもよいと思います。

学習者への指示内容（訳）
1. **時刻表を見ながら、①～③の条件を満たす旅程を組んでみましょう。**
   ①博多を出発し、駅名が丸で囲まれた駅をすべて回ったのち、出発日を含めた5日以内に博多に戻ってきます。
   ②各駅（駅名が丸で囲まれた駅）では最低3時間滞在し、次の駅へ移動してください。どういう順番で回るかは自由です。
   ③「青春18切符」が利用できない新幹線や特急・急行列車を使ってはいけません。
2. **旅程が完成したら、それを日本語で説明してみましょう。**
3. **以下の観光名所が何県にあるか調べましょう！**

各レベルの到達目標

レベル0の学習者
- 「行く」「出発する／着く」「かかる」などの旅程の説明に必要な語彙を覚える。
- 時刻表を見ながら、列車の出発時間や到着時間、目的地までの所要時間を説明できるよ

うになる。

レベル1の学習者
- 「大分はとり天がおいしいです」や「鹿児島は桜島が有名です」のように、「〜は〜が〜です」を使って観光地や特産品について説明できるようになる。

レベル2の学習者
- 「鳥栖まで鹿児島本線で行って、長崎本線に乗り換えます」のように、テ形を使った文の接続ができるようになる。また、その前提として動詞を「テ形」に変換できるようになる。
- 「鳥栖まで鹿児島本線で行くつもりです」のように、「〜つもりです」を使って旅程を説明できるようになる。また、その前提として動詞を「辞書形」に変換できるようになる。

レベル3の学習者
- 「博多駅で9時28分の電車に乗ると、佐賀に10時29分に着きます」のように、「〜と」を使って旅程を説明できるようになる。
- 「長崎で観光するなら、大浦天主堂がいいです」や「熊本でおいしい物を食べるなら、馬刺しがいいです」のように、「〜なら」を使って観光地や特産品について説明できるようになる。
- 「〜という＋名詞」を使ってその土地の名所や名産を説明できるようになる。

レベル4以上の学習者：74ページの「プリントで扱う文型・文法」を参照

活動の手順

1. 学習者を2〜3人の小さなグループに分け、みんなでいっしょに考えさせましょう。学習者が1人静かに考えることを好む場合は、まずは1人1人別々に考えさせ、その後でお互いの計画を報告し合うようにさせましょう。

2. 考えがまとまったら、それを日本語で報告させます。その際、学習者が話した内容をホワイトボードに板書し、ポイントを整理しましょう（学習者が書き写しやすいよう、できるだけ簡潔に書くようにしてください）。

3 プリント学習

ここではレベルチェックと活動で断片的に学んできた語彙を整理し、かつレベルチェックで回避した文型・文法の学習をします。

1. 文法学習プリントを配付してください。

2. 学習者が答えを書き終わったら、間違いがないかチェックしてあげてください。その際、学習者に必ず自分が書いた答えを音読させましょう。

プリントで扱う文型・文法（「＊」はレベル０）

- レベル❶
  - 動詞文（非過去）＊【旅程の説明】
    ⇨「行く」「出発する／着く」「かかる」など
  - 「〜時に」「〜時間」＊【旅程の説明】
  - 「〜は〜が〜です」【観光情報の紹介】
    ⇨「青森はりんごがおいしいです」「鹿児島は桜島が有名です」
- レベル❷
  - テ形、辞書形の作り方
  - 「〜て、〜ます」【旅程の説明】
  - 「〜つもりです」【旅程の説明】
- レベル❸
  - 「〜と、〜ます」【旅程の説明】
  - 「〜なら、〜がいいです」【観光情報の紹介】
  - 「〜という（名）」【観光情報の紹介】
- レベル❹
  - 「〜というのは〜のことです」（連体修飾節）【観光情報の紹介】
  - 「〜たら、〜てみてください」【観光情報の紹介】
  - 「〜なら、〜といいです」【観光情報の紹介】

4 確認と練習

　プリントで学習した文型・文法を使って、旅行の計画をもう一度話させましょう。２度目の練習ですから、１度目とは異なり、今度は内容と表現の両方に焦点を当てて話させるようにしてください。

5 リスニング

学習者への指示文（訳）
先生が学生に夏休みの旅行の計画について聞いています。地図を見ながらCDを聞き、この学生がどこをどの順番で移動するか鉛筆でなぞりなさい。また、空欄に各地の特産品と観光地を記号で書き入れなさい。

1. まずは男の人がどこをどの順番で回るかを聞き取らせ、その後で各県の特産品と観光地を聞き取らせましょう。会話はナチュラル・スピードですし、レベル０やレベル１の学生には理解できない語彙・表現も含まれているので、最初は面食らうかもしれませ

んが、地名（駅名・観光地名）と特産品だけならどうにか拾えるはずです。CDは何度聞いても構いません。

2. 学習者が解答を終えたら、答えを確認しましょう。レベル0の学習者はこれで終わりです。それ以外の学習者には、どこをどう通ったのか地図をなぞらせたり、列車の発車時刻や到着時刻を地図上に書き入れさせたりしてみましょう。その後で、以下の質問例を参考にもう少し細かな内容まで聞き取らせるようにしましょう。

質問の例
　　1. 高松は何が有名ですか／何がおいしいですか。
　　2. 高知で何をするつもりですか。
　　3.「いよかん」というのは何ですか。
　　4. その他、内容理解を確認する質問

話題と活動の広げ方

○春休みや夏休みに旅行してみたいところについて話してみるのはどうでしょうか。県や市のホームページで有名な観光地や特産品を調べ、「日本観光マップ」や「特産品マップ」を作ってみるのもおもしろいかもしれません。
○1泊2日の旅行の計画を立ててみるのはどうでしょうか。あまり遠くへは行かず、電車でのんびり移動できる距離の旅行がよいと思います。

UNIT 7 Travel 旅行

旅行に行こう！
Let's go on a trip!
去旅行吧！

Check your level 水平测试

This is a *shinkansen* timetable. While studying it and the map, answer the questions that the teacher asks you, using the questionnaire sheet you are given.
这是新干线的时刻表和地图。请看着地图和时刻表，回答老师问卷上的问题。

列車名		はやて7号	はやぶさ9号
東京	発	8:40	9:08
上野	発	8:46	9:14
〜			
大宮	発	9:06	9:33
仙台	着	10:15	10:40
〃	発	10:16	10:42
〜			
盛岡	着	10:55	12:21
〃	発	10:59	11:25
いわて沼宮内	発	レ	11:38
二戸	発	レ	11:50
八戸	発	11:27	12:02
七戸十和田	発	レ	12:14
新青森	着	11:51	12:29

●学習者用シート　サンプル

Activity 活动

You wish to go on a round-trip tour of Kyushu in the spring holiday using the ticket package "*Seishun 18 kippu*." This is a set of five low-cost one-day rover tickets, with no age limit, which allows you to travel freely on Japan Railways local and *kaisoku*-class faster trains. Try compiling an itinerary, as follows.

你想在春假时，利用"青春 18 车票"去九州旅行一圈儿。"青春 18 车票"是由五张一日有效乘车票组成的套票，是一种不限年龄、可以乘坐 JR 的慢车和快速列车自由上下的廉价车票。请按照下面顺序来编排一个旅行计划。

1. While studying the timetable, tailor the itinerary to requirements 1-3. You must:
   (1) Depart and return to Hakata within five days including the date of departure, having been to all the circled stations.
   (2) Spend at least three hours at each station (with a circled name) before moving onto the next station. The order is up to you.
   (3) Avoid using *shinkansen*, limited express (*tokyu*-class) and express (*kyuko*-class) trains, which are excluded from the "*Seishun 18 kippu*" tickets.
2. After completing the itinerary, explain it in Japanese.
3. Find out what prefectures the following tourist areas are in.

①从博多出发，包括出发当天，在 5 天之内，将站名画有圆圈儿的车站全部转过之后，再返回博多。
②在各个车站（站名画有圆圈儿的车站）最少停留 3 个小时后再坐车去下一站（特急・急行）等。
③不能坐"青春 18 车票"用不了的新干线、特快列车（特急・急行）等。
2. 旅行日程做好之后，用日语说明一下。
3. 请调查一下下面的旅游胜地在哪个县。

[例] C 熊本城　　　A 大浦天主堂　　　B バルーンフェスタ

D 別府温泉　　　E 青島海岸

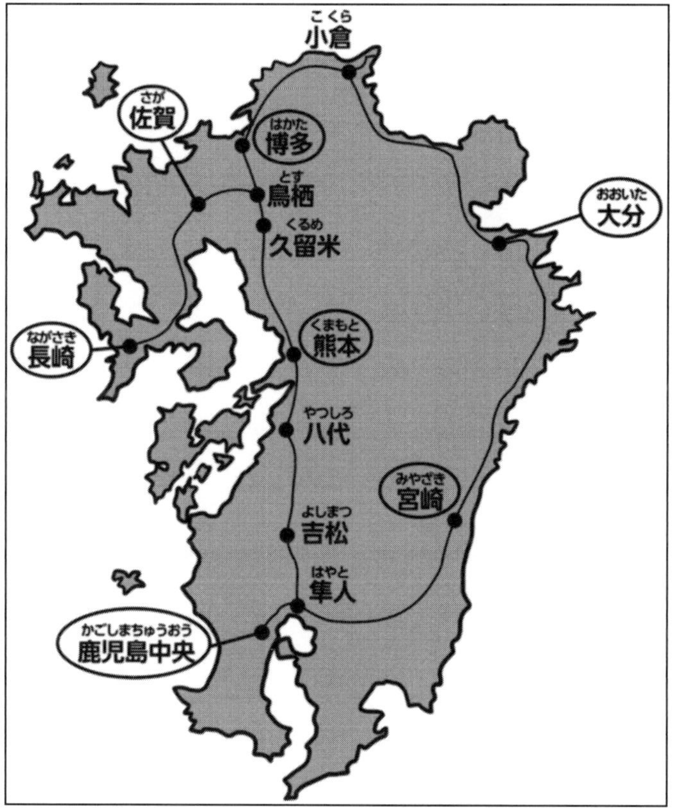

Listening 收听

The teacher asks the student about his summer holiday travel plan. While looking at the map and listening to the CD, write down with a pencil what places this student is going to and in which order. In addition, by placing marks ⓐ-ⓓ and ㋐-㋑ in the bracket, add in the regional specialties and tourist areas of each part of each prefecture.

老师正在问这个学生暑假的旅行计划。看着地图听 CD，然后把这个学生要去哪儿，按什么顺序急么走，用铅笔在地图上描下来。另外，把各地的特产和旅游点用符号空填在空白里。

CD-22

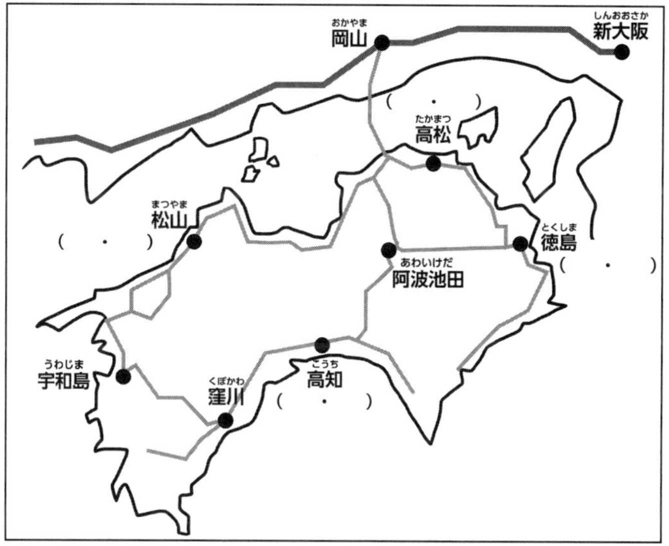

ⓐ いよかん
ⓑ なるときんとき 
ⓒ うどん
ⓓ かつおのたたき

㋐ 桂浜
㋑ 道後温泉
㋒ 阿波踊り
㋓ 栗林公園

JRの路線図（九州）

UNIT 7 旅行に行こう！ 77

UNIT 8　日常生活

ネコの手も借りたい

▶はじめに

　これは決められた時間内に全ての用件を済ませられるように、スケジュールの調整をする活動です。活動のページのイラストを見てください。部屋が随分散らかっていますが、この部屋を片付けるのにどのくらい時間がかかるでしょうか。1時間？　それとも2時間？　台所に食器もたまっていますね。洗濯もしなければなりませんが、天気が気になります。午後には宅急便が届くようです。他にも今日中にDVDを返しにいかなければなりませんし、クリーニング屋に服を取りにいかなければなりません。しかも、この2軒、どちらも結構うちから遠いですね。さあ、どうすれば、時間内に全てを片付けられるでしょうか。学習者といっしょに考えてみましょう。

▶学習目標

● 日常の生活行動（そうじ、洗濯、調理、入浴等）に関する語彙を覚える。【語彙】
● その人なりの言い方で1日のスケジュールについて話せるようになる。【産出①】
● その人なりの言い方で「しなければならないこと」の優先順位を説明できるようになる。
【産出②】
● 翌日のスケジュールを聞き、何時に何をするのかを聞き取れるようになる。【理解】

1　レベルチェック

> **学習者への指示文（訳）**
> エミリーさんは市内の大学で勉強する留学生です。以下のイラストを見て、エミリーさんの1日について説明しなさい。

　まずは語彙力の確認とレベルチェックです。学習者がエミリーさんの一日を説明するので、まずはそれを聞きましょう。その時、何をどう話すかで学習者のレベルが判定できます。

注　ユニット1から順番に勉強してきたレベル0の学習者も、もう「ゼロ初級者」ではないので、このユニットからレベル0はなくなります。

| ステップ 1 | 「エミリーさんは7時に起きます」「食堂で友だちと昼ごはんを食べます」のように、9枚のイラスト全てについて、適切な助詞（例．時間を表す「に」、場所や手段を表す「で」など）を補いつつ、単文レベル（動詞文・非過去）で話せたら、一応**レベル2**の学習者と判断してよいでしょう。「行く」や「飲む」などの基本的な動詞は知っているものの、語彙が少なく、不完全な説明しかできないものがいくつかあれば<u>レベル1</u>の学習者です。

| ステップ 2 | ステップ1をクリアした学習者には、CDに収録されている学習者への指示を渡してください。学習者がそこに書かれているとおりに話すので、「〜て、〜ます」「〜ないで、〜ます」「（〜までに）〜なければなりません」などの文型が使えているか確認しましょう。使えていれば、一応**レベル3**の学習者と判断してよいでしょう。使えていなければ、<u>レベル2</u>の学習者です。

学習者への指示内容（訳）
　Q1．イラストを見て、以下の文を日本語で言ってみましょう。
　1．朝7時に起き**て**、歯を磨きます。
　2．朝ごはんを食べ**ないで**、大学へ行きます。
　3．8時30分**までに**大学へ行か**なければなりません**。

| ステップ 3 | ステップ2をクリアした学習者には、次の指示も見せましょう。「〜てから、〜ます」「〜（る）前に、〜ます」「〜たら、〜ます」などの文型が使えていれば、**レベル4以上**の学習者と判断してよいでしょう。使えていなければ、<u>レベル3</u>の学習者です。

学習者への指示内容（訳）
　Q2．イラストを見て、以下の文を日本語で言ってみましょう。
　1．洗濯し**てから**、お風呂に入ります／お風呂に入る**前に**、洗濯します。
　2．雨が降っ**たら**、バスで大学へ行きます。

2 活動

> **学習者への指示文（訳）**
> 大学も冬休みに入り、明日はいよいよ大晦日です。エミリーさんは明日の夜高速バスに乗って友だちと東京へ行こうと思っています。ですが、その前にしておかなければならないことがたくさんあります。バスの発車時間までにこれら全てを終えるために、あなたなら、明日何をどの順番でしますか。

UNIT 8　ネコの手も借りたい

語彙力の確認とレベルチェックが終わったら、いよいよ活動です。計画を立てる前に以下の条件をよく確認しておきましょう。

最初に確認すべき点（質問例はレベル１の学習者の場合）
　　　１．起床時間（変更可）と自宅を出る時間（変更不可）
　　　　　⇨「明日何時に起きますか」「何時にうちを出ますか」
　　　２．午前中と午後の天気
　　　　　⇨「明日の天気はどうですか」「雨が降りますか」
　　　３．部屋と台所、それぞれの片付けに必要な所要時間
　　　　　⇨「部屋の掃除はどのくらいかかりますか」「台所はどうですか」
　　　４．洗濯の回数と所要時間
　　　　　⇨「洗濯は何回しますか」「どのくらいかかりますか」
　　　５．12時から14時の間に宅急便が届くこと（この間は自宅にいなければならない）
　　　　　⇨「明日何時に宅急便が来ますか」
　　　６．クリーニング屋の営業時間（10時～15時）と自宅からの距離
　　　　　⇨「クリーニング屋は何時から何時までですか」「うちから店までどのくらいかかりますか」
　　　７．レンタルＤＶＤショップの営業時間（9時～24時）と自宅からの距離
　　　　　⇨「レンタルＤＶＤショップは何時から何時までですか」「うちから店までどのくらいかかりますか」

各レベルの到達目標

レベル１の学習者
- 「朝6時に起きます」「12時から14時までうちにいます」「郵便局で年賀状を出します」のような動詞文（非過去）で毎日の生活や翌日の予定について話せるようになる。
- 「どこで」「だれと」「何時に」「何で」などの疑問詞を含んだ質問に答えられるようになる。

レベル２の学習者
- 「朝6時に起きて、すぐ洗濯します」や「朝ご飯を食べないで、洗濯します」のような、「～て」や「～ないで」を使った文の接続ができるようになる。また、その前提として動詞を「テ形」や「ナイ形」に変換できるようになる。
- 「19時までにうちを出なければなりません」のように、「(～までに)～なければなりません」を使った発話を理解・産出できるようになる。

レベル３の学習者
- 「洗濯をしてから、そうじします」や「出かける前に、DVDを返します」のような、「～てから」

や「〜(る)前に」を使った文の接続ができるようになる。
● 「雨が降ったら、洗濯物を部屋の中に干します」のように、「〜たら」を使った発話を理解・産出できるようになる。

レベル4以上の学習者：82ページの「プリントで扱う文型・文法」を参照

活動の手順

1. 学習者を2〜3人の小さなグループに分け、みんなでいっしょに考えさせましょう。学習者が1人静かに考えることを好む場合は、まずは1人1人別々に考えさせ、その後でお互いの計画を報告し合うようにさせましょう。個人レッスンの場合には、以下の対話例のように、最初に確認した7つの点を時折思い出させながら、上手にリードしてあげてください。

レベル1の学習者の場合
T：部屋が汚いですね。**そうじはどのくらいかかりますか。**
S：2時間ぐらいです。
T：**台所はどうですか。**
S：30分です。
T：いつクリーニング屋へ行きますか。
S：午前は雨ですから、午後行きます。1時。
T：**でも、1時は宅急便が来ますよ。**
S：そうですね。じゃ、3時に行きます。

2. 考えがまとまったら、それを日本語で報告させます。その際、学習者が話した内容をホワイトボードに板書し、ポイントを整理しましょう（学習者が書き写しやすいよう、できるだけ簡潔に書くようにしてください）。

3 プリント学習

ここではレベルチェックと活動で断片的に学んできた語彙を整理し、かつレベルチェックで回避した文型・文法の学習をします。

1. 文法学習プリントを配付してください。

2. 学習者が答えを書き終わったら、間違いがないかチェックしてあげてください。その際、学習者に必ず自分が書いた答えを音読させましょう。

プリントで扱う文型・文法

- レベル❶
  - 動詞文（非過去）【予定の説明】
    ⇨「どこで／だれと／何時に／何で～ます」
- レベル❷
  - テ形、ナイ形の作り方
  - 「～て、～ます」【予定の説明】
  - 「～ないで、～ます」【予定の説明】
  - 「～までに～なければなりません」【優先順位の説明】
- レベル❸
  - 「～てから～ます」【優先順位の説明】
  - 「～（る）前に～ます」【優先順位の説明】
  - 「～たら、～ます」【予定の説明】
- レベル❹
  - 「～ている間に～（よ）うと思います」【優先順位の説明】
  - 「～（る）までに～なければなりません」【優先順位の説明】
  - 「～（る）前に～ておきます」【優先順位の説明】

4 確認と練習

　プリントで学習した文型・文法を使って、学習者が立てた計画についてもう一度話させましょう。2度目の練習ですから、1度目とは異なり、今度は内容と表現の両方に焦点を当てて話させるようにしてください。

5 リスニング

学習者への指示文（訳）
ツアーガイドが明日の予定を話しています。話を聞いて、イラストに時間を書き込みなさい。

1. まずは何時に何をするか聞き取らせましょう。会話はナチュラル・スピードですし、レベル1の学生には理解できない語彙・表現も含まれているので、最初は面食らうかもしれませんが、時間だけならどうにか拾えるはずです。CDは何度聞いても構いません。

2. 学習者が解答を終えたら、答えを確認しましょう。その際、あなたが答えを言うのではなく、学習者に「6時に朝ごはんを食べます」のように文単位で言わせるようにしてください。レベル1の学習者はこれで終わりです。それ以外の学習者には以下の質問例を参考にもう少し細かな内容まで聞き取らせるようにしましょう。

質問の例
1. 東京に着いたら、最初にどこへ行きますか。

2. 皇居へ行って、何をしますか。
3. 歌舞伎を見てから、どこへ行きますか。
4. その他、内容理解を確認する質問

話題と活動の広げ方

○日常生活の中に存在する「優先順位」についていろいろ質問を考え、お互いの意見を聞き合うというのはどうでしょうか。好きなおかずは最初に食べるか、最後に食べるか。お風呂に入る時、頭を先に洗うか、体を先に洗うかなど。

○学習者自身の典型的な一日のスケジュールや（小学生や中学生の子供のいる学習者なら）学校の時間割について話してみるのはどうでしょうか。

● 学習者用シート　サンプル

Activity　活动

Winter vacations have arrived for the university, and tomorrow is New Year's Eve at last. Emily is planning to go to Tokyo with some friends tomorrow on the night express coach. So she has a lot of things she has to do prior to departure. In what order would you do the following tasks tomorrow, to get everything finished before departure?

大学也已经开始放寒假，明天就是除夕了。艾米丽想要明天乘坐晚上的快速巴士，和朋友一起去东京。但是，在走之前还有很多必须做的事情。为了能在走之前把这些事情全部做完，要是你的话，明天会按什么顺序来做这些事情？

りょこうの まえに すること
そだいごみ
ねんがじょう
ジャケット（クリーニングや）
DVD（あしたまで）

UNIT 8　Daily living　日常生活

ネコの手も借りたい

Run off her feet
忙得不可开交

Check your level　水平测试

Emily is an overseas student at a university in the city. Describe one day in Emily's life, based on the illustrations below.

艾米丽是市内大学的留学生，讲述一下艾米丽每天的生活。

84

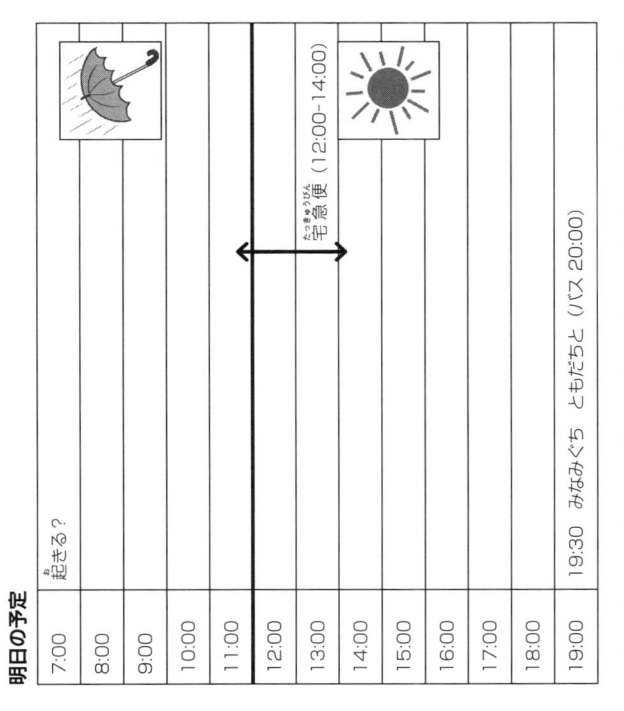

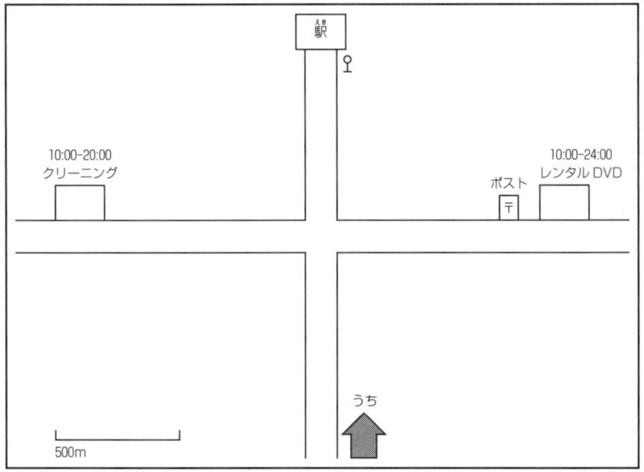

Listening 收听

A tour guide is discussing the following day's schedule. Listen to what he has to say, and write in the times in the illustrations.

旅游团的导游正在讲明天的日程。听一下他所做的说明，把时间写进插图里。

CD-23

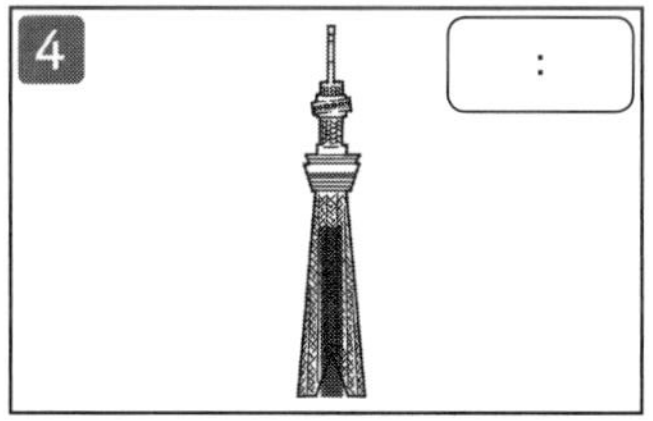

明日の予定

7:00	起きる？
8:00	
9:00	
10:00	
11:00	
12:00	宅急便 (12:00-14:00)
13:00	
14:00	
15:00	
16:00	
17:00	
18:00	
19:00	19:30 みなみぐち ともだちと (バス 20:00)

UNIT 8　ネコの手も借りたい

UNIT 9 マナー

日常のマナー

はじめに

　これは日本のマナー・習慣について考える活動です。例えば、「家に上がる時はくつを脱がなければならない」とか、「お風呂では浴槽の外で体を洗わなければならない」などは、おそらくほとんどの学習者が常識として知っているでしょう。ですが、「病気の人に菊の花や植木をプレゼントしてはいけない」ことや「贈り物の箱を開ける時、包装紙をびりびり破ってはいけない」ことなどは、どうでしょうか。私たちにとっては常識でも、学習者にとっては他人に指摘されなければなかなか気づかないマナー・習慣も多くあることでしょう。もちろん、それと同様に、私たちも自分では気づかぬまま学習者にとって「失礼」「不躾」と思われる行動をしているかもしれません。ここでは日本のマナー・習慣にとどまらず話題を広げ、お互いのマナー・習慣について学び合いましょう。

学習目標

- 日常のマナー・習慣について説明するのに必要な語彙を覚える。【語彙】
- その人なりの言い方で何をしてはいけないかを説明できるようになる。【産出①】
- その人なりの言い方で何をしなければならないかを説明できるようになる。【産出②】
- 他者による「してはいけないこと」や「しなければならないこと」の説明を聞き取れるようになる。【理解】

1 レベルチェック

学習者への指示文（訳）
以下のイラストには（少なくとも日本の）法律や習慣、マナーに違反した事柄が描かれています。何が問題なのか指摘してください。

　まずは語彙力の確認とレベルチェックです。学習者がイラストを見て話すので、まずはそれを聞きましょう。その時、何をどう話すかで学習者のレベルが判定できます。

【解答例】　1. たばこを吸ってはいけない
　　　　　　2. 写真を撮ってはいけない

3. びりびり破いてはいけない
4. くつはきれいに脱がなければならない
5. 病気の人に植木鉢をあげてはいけない
6. 図書館で電話してはいけない／静かにしなければならない
7. ここに止めてはいけない
8. 時間は守らなければならない
9. お風呂に入る前に体を洗わなければならない

ステップ1
「ここで煙草を吸います。だめです」や「くつをきれいに脱ぎません。だめです」のように、イラストで示されたマナー違反全てに単文レベルで話せたら、一応**レベル2**の学習者と判断してよいでしょう。「ここで煙草…。だめです」や「くつがきれいじゃありません。だめです」のように、必要な動詞（ここでは「吸う」や「脱ぐ」）を使わずに話したり、知っている別の動詞（例えば「脱ぐ」のかわりに「取る」）で代用した場合はレベル1の学習者です。

ステップ2
ステップ1をクリアした学習者には、まず、「ここで煙草を吸います。だめです。2つの文を1つにしてください」と言い、「～てはいけません」が使えるか確認しましょう。同様に、「くつをきれいに脱ぎません。だめです。2つの文を1つにしてください」と言い、「～なければなりません」が使えるかも確認しましょう。次に、「ここで煙草を吸います。いいですか。2つの文を1つにしてください」「靴を脱ぎません。いいですか。2つの文を1つにしてください」と言い、「～てもいいです」と「～なくてもいいです」という2つの表現を知っているか確認しましょう。どちらも難なくできるようだったら、一応**レベル3**の学習者と判断してよいでしょう。どれか1つでも知らないものがあれば、レベル2の学習者です。

ステップ3
ステップ2をクリアした学習者には、「うちに上がります。その時、くつをきれいに脱がなければなりません。2つの文を1つにしてください」と言い、「～時」を使った文の接続ができるか確認します。また、「体を洗います。それから、お風呂に入ります。2つの文を1つにしてください」と言い、「～てから」や「～前に」を使った文の接続ができるかも確認します。どちらも難なくできれば、**レベル4以上**の学習者と判断してよいでしょう。できなければ、レベル3の学習者です。

2 活動

> **学習者への指示文（訳）**
> 以下のイラストには（少なくとも日本では）「してはいけない」と考えられていることが描かれています。何がいけないのか考えてみましょう。

　語彙力の確認とレベルチェックが終わったら、いよいよ活動です。まずは学習者に何が問題なのかを考えさせましょう。解答例は以下の通りです。

イラストA（お座敷）
1. 自分で自分のコップにお酒を入れて飲んではいけない
2. 食べ物を箸で刺してはいけない
3. 茶碗を持って食べなければならない
4. 女性があぐらをかいてすわってはいけない
5. 名刺を片手で受け取ってはいけない／名刺は両手でもらわなければならない
6. 食事中音を立てて鼻をかんではいけない

イラストB（電車の中で）
1. お年寄りや妊婦には席を譲らなければならない
2. 座席にはかばんを置いてはいけない
3. 大きな音で音楽を聞いてはいけない
4. 足を組んだり、新聞を大きく広げて読んだりしてはいけない
5. 車内にゴミを捨ててはいけない／ゴミは自分で持って帰らなければならない
6. 濡れた傘は束ねなければならない
7. 降りる人より先に乗ってはいけない
8. くつを履いたまま座席の上に立ってはいけない
9. 親は注意しなければならない
10. 化粧をしてはいけない

各レベルの到達目標

レベル1の学習者
- 電車内や公園でのマナー違反を指摘するのに必要な語彙（特に動詞）を覚える。
- 禁止事項について「〜ます。だめです」と言えるようになる。
- 義務的な行為について「〜ません。だめです」と言えるようになる。

レベル2の学習者
- 禁止事項については「〜てはいけません」、義務的な行為については「〜なければなりません」を使って説明できるようになる。また、その前提として動詞を「テ形」や「ナイ形」に変換できるようになる。
- 「〜てもいいです」や「〜なくてもいいです」を使って禁止事項や義務的な行為について質問したり、質問に答えたりできるようになる。

▶「活動」の中には「女性はあぐらをかいてはいけない」のように、(印象は良くないが)「絶対に駄目」とまでは言えないものもあるので、学習者の方から求めてきた場合には、「〜たほうがいい」や「〜ないほうがいい」を教えても構いません。

レベル3の学習者
- 「〜時」を使った文の接続ができるようになる。
- 「〜てから」や「〜(る)前に」を使って適切な手順を説明できるようになる。

レベル4以上の学習者：90ページの「プリントで扱う文型・文法」を参照

活動の手順

1. 学習者を2〜3人の小さなグループに分け、みんなでいっしょに考えさせましょう。学習者が1人静かに考えることを好む場合は、まずは1人1人別々に考えさせ、その後で意見交換させるようにしましょう。

2. 考えがまとまったら、それを日本語で報告させます。その際、答えだけでなく、どうしてそう思うのか理由も聞くようにしましょう。一度で全ての答えを見つけられなかったら、「あと3つ」のように言って残りの答えの数を明示し、再度みんなで考えさせましょう。

3. 全ての答えを見つけられたら、それを再度日本語で言い直させましょう。その際、学習者が話した内容をホワイトボードに板書し、ポイントを整理しましょう（学習者が書き写しやすいよう、できるだけ簡潔に書くようにしてください）。

3 プリント学習

ここではレベルチェックと活動で断片的に学んできた語彙を整理し、かつレベルチェックで回避した文型・文法の学習をします。

1. 文法学習プリントを配付してください。

2. 学習者が答えを書き終わったら、間違いがないかチェックしてあげてください。その際、学習者に必ず自分が書いた答えを音読させましょう。

プリントで扱う文型・文法
- レベル❶
  - 動詞文（非過去）【マナーの説明】
    ⇨「吸う」「脱ぐ」「捨てる」など
  - 「〜ます。だめです」「〜ません。だめです」【マナーの説明】
- レベル❷
  - テ形、ナイ形の作り方
  - 「〜てもいいです」【マナーの説明】
  - 「〜てはいけません」【マナーの説明】
  - 「〜なければなりません」【マナーの説明】
  - 「〜なくてもいいです」【マナーの説明】
- レベル❸
  - 「〜時、〜」【場合の説明】
  - 「〜てから、〜」【場合の説明】
  - 「〜（る）前に、〜」【場合の説明】
- レベル❹
  - 命令形、禁止形の作り方
  - 「〜時、〜ようにしましょう」【マナーの説明】
  - 「〜てから／〜前に、〜ようにしましょう」【マナーの説明】

4 確認と練習

　プリントで学習した文型・文法を使って、ホワイトボードに板書した学習者の考えをもう一度話させましょう。2度目の練習ですから、1度目とは異なり、今度は内容と表現の両方に焦点を当てて話させるようにしてください。

5 リスニング

学習者への指示文（訳）
自治会の会長が新しく引っ越してきた人に団地の規則について説明しています。イラストを見ながら話を聞き、してもいいことには「○」、してはいけないことには「×」を書き入れなさい。

1. まずは「してもいいこと」と「してはいけないこと」を聞き取らせましょう。会話はナチュラル・スピードですし、レベル1の学生には理解できない語彙・表現も含まれているので、最初は面食らうかもしれませんが、基本的な語彙さえ聞き取れれば解答できる

はずです（例えば、「吸ってはいけない」の意味がわからなくても、「たばこ」と「だめ」という2語さえ聞き取れれば答えを類推できるように）。CDは何度聞いても構いません。

▶ CDを聞く前にイラストの内容を一度日本語で表現させ、語彙の確認をしておくと、聞き取りがより簡単になります。

2. 学習者が解答を終えたら、答えを確認しましょう。レベル1の学習者はこれで終わりです。それ以外の学習者には以下の質問例を参考にもう少し細かな内容まで聞き取らせるようにしましょう。

質問の例
1. どうして公園でゴルフや野球をしてはいけませんか。
2. 公園で自転車に乗る時、どんなことに注意しなければなりませんか。
3. バーベキューをした後で何をしなければなりませんか。
4. その他、内容理解を確認する質問

話題と活動の広げ方

○ このユニットで取り上げたマナー違反について、各自どの程度気になるか（マナー違反に対する許容度）、みんなで話してみるのはどうでしょうか。また、それを身近な日本人にも聞いて、世代や性別によって許容度に違いがあるのか調べてみるのもおもしろいかもしれません。
○ 学習者に母国の習慣やマナーについて紹介させるのはどうでしょうか。また、話題を拡げて、各国の法律や迷信、学校の規則などについて話してみるのもおもしろいかもしれません。

●学習者用シート　サンプル

Activity 活动

The following illustrations depict behavior that flouts social norms in Japan. Indicate what the problem is in each case.
在下面的插图中画着可以认为（至少是在日本）是"不该做的"的事情。想一想是什么不应该。

A

UNIT 9　Personal behaviour　言行挙止的作法

にちじょう
日常のマナー
Good manners at and away from home
日常言行挙止的作法

Check your level 水平測試

The following illustrations depict situations that violate or go against laws, customs and good manners in Japan. Indicate what the problem is in each case.
在下面的插图中画着一些违反（至少是日本的）法律、习惯以及礼仪道德的事情。分别指出什么是其问题之处。

1　2　3
4　5　6
7　8　9

92

Listening 收听

The chairman of the neighborhood committee is explaining *danchi* (housing estate) rules to some people who have moved in recently. Look at the illustrations, listen to the explanations, and indicate whether you think a behavior is acceptable (with a circle) or unacceptable (with a cross).

自治会长正在给新搬来的人讲住宅小区的规则。看着插图听听会长讲些什么，在可以做的事情上画〇，不可以做的事情上画×。 CD-24

UNIT 9　日常のマナー

UNIT **10** 生い立ち

私は誰でしょう？

▶はじめに

　これは、生年月日、出身地、職業、業績などの与えられた情報をもとに、それが誰なのかを学習者に考えさせる活動です。いずれも世界的に有名な人たちばかりですから、問題はそれほど難しくありません。ただ、誕生年と出身地以外の情報はイラストで表現されているので、それをどう解釈するかが鍵になります。例えば、活動のページにあるイラストAですが、ヒント1の地図を見れば、この人がドイツ出身であることは（地図を見慣れた人なら）すぐにわかるでしょう。また、白衣を着て試験官を持っているヒント2のイラストを見れば、この人が科学者であることも容易に理解できるでしょう。問題は残りの2枚です。なにかもらったようですね（ヒント3）。日本に来たこともあるようです（ヒント4）。さて、この人は一体誰でしょう？　あなたはもうわかりましたよね。

▶学習目標

- 職業や生い立ちの説明に必要な語彙・表現を覚える。【語彙】
- その人なりの言い方で自分の生い立ちを説明できるようになる。【産出①】
- その人なりの言い方で自分の尊敬する著名人を紹介できるようになる。【産出②】
- 他者の生い立ちを聞き、その人がいつ、何をしたかを聞き取れるようになる。【理解】

1 レベルチェック

> **学習者への指示文（訳）**
> あなたは王貞治氏を知っていますか。元プロ野球選手で、ホームランの世界記録を作りました。年表とイラストを参考に、王氏の生い立ちについて説明してみましょう。

　まずは語彙力の確認とレベルチェックです。学習者が王貞治氏の生い立ちを説明するので、まずはそれを聞きましょう。その時、何をどう話すかで学習者のレベルが判定できます。

ステップ1　「1940年に東京で生まれました」「小学校4年生の時、野球を始めました」のように、「〜年に」や「〜歳の時」などの語句を補いながら過去時制（単文）で話せたら、一応**レベル2**の学習者と判断してよいでしょう。「生まれる」や「なる」

などの基本的な動詞は知っているものの、過去形の作り方を知らなかったり、その反対に過去形の作り方は知っているものの、基本的な動詞を知らなかったりした場合はレベル1の学習者です。

ステップ2　ステップ1をクリアした学習者には、次に「他の人に聞きました。小学校4年生の時、野球を始めました。2つの文を1つにしてください」と言い、伝聞の「～そうです」を使って「小学校4年生の時、野球を始めたそうです」と言えるか確認してください[注]。難なく言えれば、一応**レベル3**の学習者と判断してよいでしょう。答えられなければ、レベル2の学習者です。

注　学習者の中には難しく考えすぎて「他の人から小学校4年生の時、野球を始めたと聞きました」や「他の人は小学校4年生の時、野球を始めたと言いました」のように答えるかもしれません。その場合も、文中でタ形を使えていますし、文の構造的にはむしろ「～そうです」よりも複雑な文を産出できているので、一応レベル3の学習者と判断してよいでしょう。

ステップ3　ステップ2をクリアした学習者には、「みんなは王さんを尊敬しています。文を変えてください。王さんは…」と言い、受身形を使った文が作れるかどうか確認しましょう。難なく作れれば、**レベル4以上**の学習者と判断してよいでしょう。できなければ、レベル3の学習者です。

2　活動

> **学習者への指示文（訳）**
> A～Dの人物がだれか、先生や仲間といっしょに考えましょう。みんな、世界的に有名な人ばかりです。

　語彙力の確認とレベルチェックが終わったら、いよいよ活動です。与えられた情報を元にA～Dの人物が誰なのかを学習者といっしょに考えましょう。

イラストの解説
　　A　答. アルベルト・アインシュタイン
　　　　1. 1879年にドイツで生まれました。
　　　　2. 科学者です。
　　　　3. 1921年にノーベル賞をもらいました。
　　　　4. 1922年に日本へ来ました。
　　B　答. フローレンス・ナイチンゲール
　　　　1. 1820年にイタリアで生まれました。
　　　　2. 看護師です。

3. 1854年に戦争に行きました。人々を助けました。
　　　　4. 40歳の時、看護学校を作りました。
　C　答．ジョン・レノン
　　　　1. 1940年にイギリスで生まれました。
　　　　2. ミュージシャンです。
　　　　3. 22歳の時、レコードデビューしました。
　　　　4.『イマジン』が有名です。
　D　答．ブルース・リー
　　　　1. 1940年にアメリカで生まれました。
　　　　2. 映画の俳優です。
　　　　3. 子供の時、カンフーを習いました。
　　　　4. 31歳の時、香港で有名になりました。

各レベルの到達目標

レベル１の学習者
- 「生まれる」「卒業する」「結婚する」などの人生の出来事を表す動詞を覚え、それらを過去時制で使えるようになる。
- 「○○年に」や「○月○日に」、「○歳の時（に）」などの言い方を覚える。
- 「いつ生まれましたか」「何歳の時、（看護）学校を作りましたか」という質問に「1940年です」「40歳の時です」と答えられるようになる。

レベル２の学習者
- 伝聞の「〜そうです」を使って、他人から聞いたり本で読んだりして得た情報を伝えられるようになる（ただし、過去時制のみ）。また、その前提として動詞を「タ形」に変換できるようになる。
- 「物理の研究をして、ノーベル賞をもらいました（アインシュタイン）」や「結婚しないで、一生懸命仕事をしました（ナイチンゲール）」のような、「〜て」や「〜ないで」を使った文の接続ができるようになる。また、その前提として動詞を「テ形」や「ナイ形」に変換できるようになる。

レベル３の学習者
- 「〜と言われています」や「〜に選ばれました」のような受身文の発話を理解・産出できるようになる。また、その前提として動詞を受身形に変換できるようになる。
- 「アメリカに住んでいる時、映画俳優になりました（ブルース・リー）」のような「〜時」を使った文の接続ができるようになる。

レベル４以上の学習者：98ページの「プリントで扱う文型・文法」を参照

活動の手順

1. 学習者を２～３人の小さなグループに分け、みんなでいっしょに考えさせましょう。学習者が１人静かに考えることを好む場合は、まずは１人１人別々に考えさせ、その後で意見交換させるようにしましょう。以下の対話例のように、学習者が気づいていない点を時折指摘するなどして、上手にリードしてあげてください。

   レベル１の学習者の場合
   S：この人は医者です。
   T：どうしてそう思いますか。
   S：白い服を着ています。
   T：なるほど。医者はいつも病院で白い服を着ていますね。**でも、なにか持っていますね。**
   S：日本語で何ですか。わかりません。でも、scienceの…。
   T：はい。**仕事の時、医者はこれを使いますか。**
   S：そうですね。

2. 答えが全部わかったら、４枚のイラストについて再度日本語で言い直させましょう。その際、学習者が話した内容をホワイトボードに板書し、ポイントを整理しましょう（学習者が書き写しやすいよう、できるだけ簡潔に書くようにしてください）。

▶学習者によっては考えるまでもなくすぐに答えがわかってしまうかもしれないので、そんな時のために、この４人以外に以下のような形式で問題を作っておくとよいでしょう。出題は口頭で大丈夫ですが、学習者がその人物を知らないということもありうるので、顔写真は用意しておいた方がよいでしょう。

問題作成用のフレーム（レベル１の学習者用）
   1. _____年に_____の_____で生まれました。
   2. _____です。（職業）
   3. _____歳の時、_____ました。
   4. _____歳の時、_____ました。　　　（答え. _____）

3 プリント学習

　ここではレベルチェックと活動で断片的に学んできた語彙を整理し、かつレベルチェックで回避した文型・文法の学習をします。

1. 文法学習プリントを配付してください。

2. 学習者が答えを書き終わったら、間違いがないかチェックしてあげてください。その際、学習者に必ず自分が書いた答えを音読させましょう。

プリントで扱う文型・文法

レベル❶
- 動詞文（過去）【生い立ちの紹介】
  ⇨「生まれる」「卒業する」「結婚する」など
- 年月日の言い方（「1980年に」「6月7日に」など）【生い立ちの紹介】
- 「～の時（に）、～」【生い立ちの紹介】

レベル❷
- テ形・タ形・ナイ形の作り方
- 「～て、～ました」【生い立ちの紹介】
- 「～ないで、～ました」【生い立ちの紹介】
- 「～そうです」（伝聞：動詞タ形による接続）【生い立ちの紹介】

レベル❸
- 受身形の作り方
- 受身文【生い立ちの紹介】
  ⇨「～と言われています」「～に選ばれました」など
- 「～時、～ました」【生い立ちの紹介】

レベル❹
- 連体修飾節【生い立ちの紹介】
  ⇨「～が～のはだれですか」「～が～のはいつですか」など
- 「～のがきっかけで～ようになりました」【生い立ちの紹介】

4　確認と練習

　プリントで学習した文型・文法を使って、「レベルチェック」で取り上げた王貞治氏と、「活動」で取り上げた4人についてもう一度話させましょう。

5　リスニング

学習者への指示文（訳）
男の人が自分の生い立ちについて話しています。以下の絵を見ながら話を聞き、間違いを見つけなさい。

1. まずは間違いを探させましょう。会話はナチュラル・スピードですし、レベル1の学生には理解できない語彙・表現も含まれているので、最初は面食らうかもしれませんが、このユニットで学習した「生まれる」や「結婚する」などの語彙と年月日（＋年齢）さえ聞き取れれば解答できるはずです。CDは何度聞いても構いません。

▶CDを聞く前にイラストの内容を一度日本語で表現させ、語彙の確認をしておくと、聞き取りがより簡単になります。

2. 学習者が解答を終えたら、答えを確認しましょう。レベル１の学習者はこれで終わりです。それ以外の学習者には以下の質問例を参考にもう少し細かな内容まで聞き取らせるようにしましょう。

質問の例
　　1. お父さんが生まれたのはどんなところでしたか。
　　2. お父さんはどうして大学へ行きませんでしたか。
　　3. お父さんはお母さんとどこで知り合いましたか。
　　4. その他、内容理解を確認する質問

話題と活動の広げ方

○学習者の母国の有名人について互いに紹介し合うのはどうでしょうか。また、教師側からの情報提供として、学習者の母国と縁のある日本人について紹介すると、話題が広がっておもしろいかもしれません。

○学習者に問題を作らせて互いに質問し合ったり、自分自身の生い立ちについて話してみるのはどうでしょうか。

● 学習者用シート　サンプル

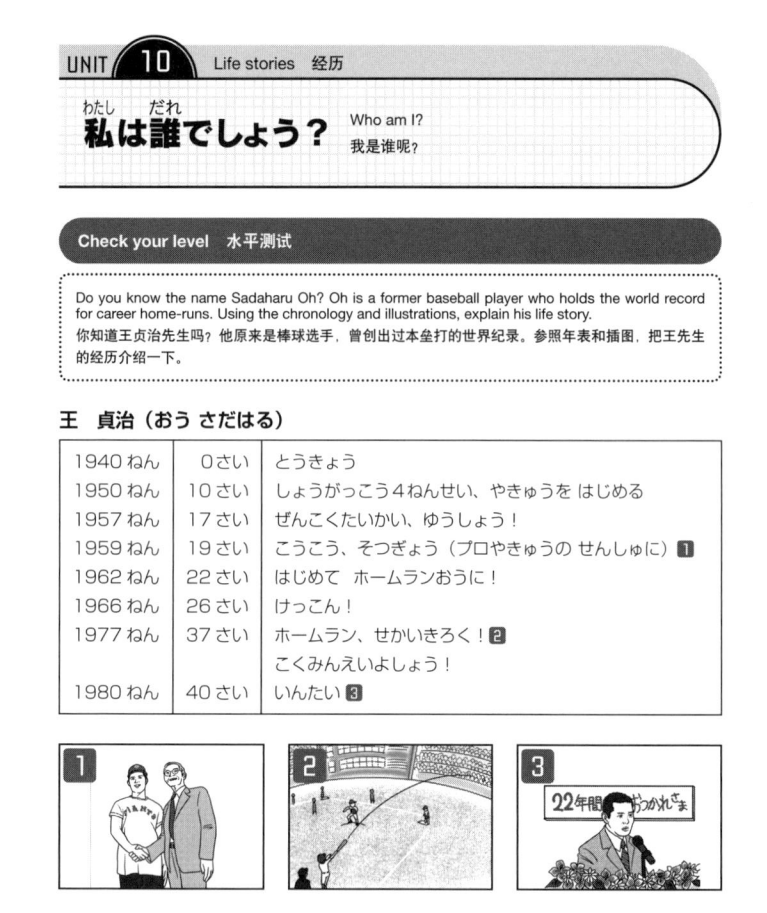

Activity　活動

Together with your teacher and your companions, try to work out who the silhouetted figures A–D are. All are world-famous personalities.
与老师和同学一起想一想 A～D 都是谁？他们都是世界名人。

A
1　1879
2　E=MC²?
3　Nobel Prize
4　1922

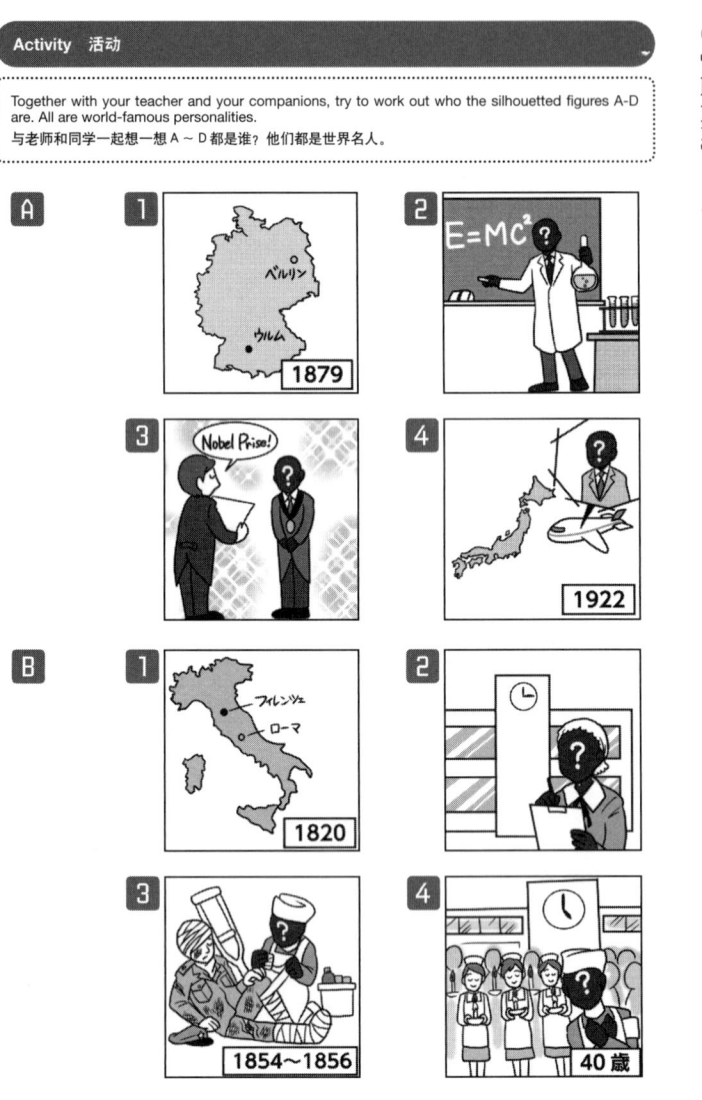

B
1　1820
2　（時計）
3　1854〜1856
4　40歳

UNIT 10　Life stories　経歴

私は誰でしょう？

Who am I?
我是谁呢?

Check your level　水平測试

Do you know the name Sadaharu Oh? Oh is a former baseball player who holds the world record for career home-runs. Using the chronology and illustrations, explain his life story.
你知道王贞治先生吗？他原来是棒球选手，曾创出本垒打的世界纪录。参照年表和插图，把王先生的经历介绍一下。

王　貞治（おう さだはる）

1940 ねん	0 さい	とうきょう
1950 ねん	10 さい	しょうがっこう 4 ねんせい、やきゅうを はじめる
1957 ねん	17 さい	ぜんこくたいかい、ゆうしょう！
1959 ねん	19 さい	こうこう、そつぎょう（プロやきゅうの せんしゅに）1
1962 ねん	22 さい	はじめて ホームランおうに
1966 ねん	26 さい	けっこん！
1977 ねん	37 さい	ホームラン、せかいきろく！2
1980 ねん	40 さい	こくみんえいよしょう 3

1
2
3　22年間 おつかれさま

Listening 收听

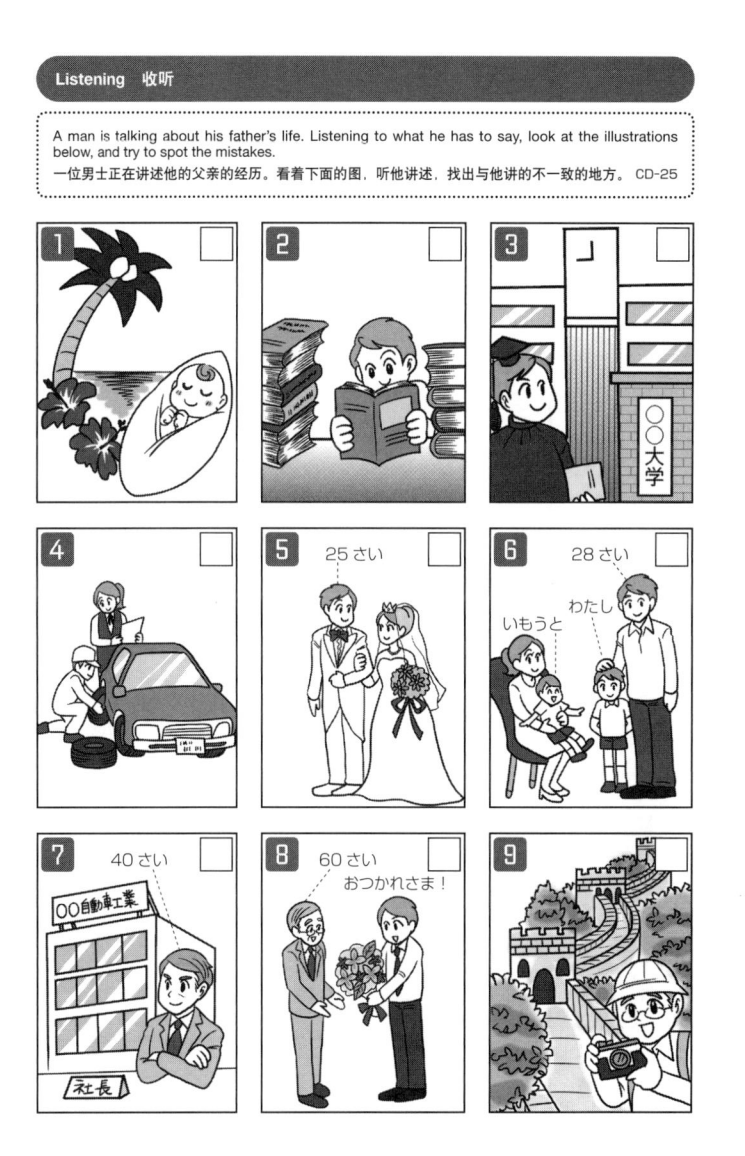

A man is talking about his father's life. Listening to what he has to say, look at the illustrations below, and try to spot the mistakes.
一位男士正在讲述他的父亲的经历。听他并述，找出与他并述不一致的地方。 CD-25

UNIT 10 私は誰でしょう？ 101

UNIT 11 言語

暗号を解読せよ！

▶はじめに

　これはやさしい日本語で書かれた暗号を読み解く活動です。あなたは「シーザー暗号」を知っていますか。これはかのジュリアス・シーザーが使ったとされるもっとも古典的な暗号で、アルファベットの文字を何文字かずつずらしたものです。この暗号法によると（例えば3文字ずらした場合）「I love you」は「L oryh brx」になります。このユニットの「活動1」は創作漢字の意味を推理する問題で、「活動2」は暗号文の解読をする問題です。後者は各行の言葉を対義語に置き換え、グレーの部分の文字を下から読むと、メッセージが浮かびあがるようになっています。学習者の前ではあなたも答えを知らない振りをして学習者といっしょに考え、タイミングを見計らって「これ、もしかすると、〜かもしれません」などとヒントを出してあげてください。

▶学習目標

- イ形容詞・ナ形容詞を中心に法則や原理を説明するのに必要な語彙を覚える。【語彙】
- その人なりの言い方で法則や原理を説明できるようになる。【産出①】
- その人なりの言い方で漢字の成り立ちについて説明できるようになる。【産出②】
- 法則や原理の説明を聞き、それを別の例に応用できるようになる。【理解】

1 レベルチェック

学習者への指示文（訳）
1. Aの言葉とBの言葉の間にはある共通点があります。1と2を見て、その共通点が何かを考え、□□□ の中に入る言葉を答えなさい。
2. 以下は漢字の成り立ちを示したものです。この2つの漢字を組み合わせると、なぜそのような意味になるのか、理由を考えてみましょう。

　まずは語彙力の確認とレベルチェックです。課題1ではまず、学習者が最初の2ペア、「好き／嫌い」、「大きい／小さい」の意味を知っているかどうか確認し[注1]、AとBが対義語になっていることに気づかせましょう。その後で残りの「重い」や「短い」など、片方だけ示されている語の意味を確認し、空欄に入る語を言わせましょう。また、課題2ではまず非漢字

圏の学習者に答えを考えさせ[注2]、その後は漢字圏・非漢字圏両方の学習者にどうしてそのような意味になるのか理由を説明させましょう。

注1「『好き』は何ですか」という問いに「いちご、好きです」と例文で答えたり、「『大きい』は何ですか」という問いに大きな円を描く動作をしたりできたら、意味を知っていると判断してよいでしょう。

注2 非漢字圏の学習者が答えを言った時、漢字圏の学習者に「いいですか？」と確認を求めたり、正解がなかなか出ない時にヒントを出させたりすると、漢字圏の学習者も活動に参加できます。

【解答】 3．かるい　4．ながい　5．ほそい　6．たかい
　　　　 7．せまい　8．まずい　9．しずか（な）　10．よい

ステップ1

課題1では、8つあるブランクのうち、いくつ正解を書き入れられるか確認しましょう。6つ以上正解を書き入れられなければ、この時点でレベル1の学習者と判断してよいでしょう。次に、身近にある物を指さし、「そのかばんは重いですか」（イ形容詞文）、あるいは近所の遊戯施設や商店街を話題に挙げ、「○○は静かですか」（ナ形容詞文）と、（あえて「いいえ」と言わせるような）質問をしてみましょう。「いいえ、重くないです」「いいえ、静かじゃないです」と否定形で答えられたら[注3]、一応レベル2の学習者と判断してよいでしょう。できなければ、レベル1の学習者です。

注3 学習者が「いいえ、軽いです」と対義語で答えた時は、「いいえ、おも…」のように言い、否定形を引き出しましょう。学習者の中には一部の形容詞について否定形を語彙として覚えている人がいるので、「おいしくない」「大きくない」などと答えたら、「おいしい、おいしくない」「大きい、大きくない」「重い、…？」と聞き、活用が規則としても理解されているかどうか確認しましょう。

ステップ2

課題2は漢字（会意文字）の成り立ちについて説明する課題です。ステップ1をクリアした学習者には、2つの漢字を組み合わせると、なぜそのような意味になるのか、彼らなりの解釈を聞いてみましょう。（Q1やQ4について）「人が木の下で休んでいます」や「部屋の外から話を聞いています」のように、「〜ている」を使った説明をすることができ[注4]、かつ、「女の人は子供が好きですから、『好き』です」（Q3）のように、文中に「〜から」を使った理由付けができれば[注5]、一応レベル3の学習者と判断してよいでしょう。どちらか1つでもできなければ、レベル2の学習者です。

注4 学習者が「〜ている」を使わず、「木の下で休みます」のように話した時は、「木の下で何をしていますか」と質問し、「〜ている」の使用を促してみましょう。

注5 学習者が「女の人は子供が好きです。だから、『好き』です」のように単文を連ねて話した時は、「2つの文を1つにしてください」と言って文の接続を促してみましょう。

レベル2の学習者による説明の例
　　Q1. 人が木の下で休んでいますから、「休み」です。
　　Q2. 米（＝田）の仕事（＝農業）は力が必要ですから、「男」です。
　　Q3. 女の人は子供が好きですから、「好き」です。
　　Q4. 入口（＝門）で耳を使っています（＝話を聞いています）から、「聞く」です。
　　Q5. 太陽と月がいっしょにありますから、「明るい」です。

ステップ3　ステップ2をクリアした学習者には、「人＋木＝休」という公式を日本語で説明してもらいましょう。「右に『人』、左に『木』を書くと、『休』になります」のように、「～と」を使った文の接続ができれば、**レベル4以上**の学習者と判断してよいでしょう。できなければ、レベル3の学習者です。

2 活動

> **学習者への指示文（訳）**
> 1. これはあなたの娘が作った「創作漢字」です。それぞれどんな意味を表しているか、考えてみましょう。
> 2. 今日はあなたの娘の誕生日でした。ところが、あなたは忙しくて、そのことをすっかり忘れていました。そのため、怒った娘は以下の書置きを残して、家出してしまったのです。さあ、大変です。娘はどこへ行ってしまったのでしょう。以下の暗号を解読し、娘の居場所を特定しましょう。答えは色のついたマスに入る文字からわかります。

　語彙力の確認とレベルチェックが終わったら、いよいよ活動です。まずは何もヒントを与えず、学習者に自力で解答できるかチャレンジさせてみましょう。

▶2では、娘が笑顔で「わたし、ママ（パパ）が大嫌い！」と言っていることが「対義語に置き換えて下から読む」という解読のヒントになっています。

【解答】　活動1　　**1**寝る　　**2**信号　　**3**図書館　　**4**エレベーター
　　　　　　　　　　5お風呂　**6**散歩　　**7**焼き肉
　　　　　活動2　「おじさんのうちへいく」

各レベルの到達目標

レベル1の学習者
●「好き」「大きい」「長い」などの基本的なイ形容詞・ナ形容詞を覚える。そして、それら

の語彙を使って課題2の暗号を解読できるようになる。
- 覚えたイ形容詞・ナ形容詞（非過去）を否定形に変えられるようになる。
- 「〜と〜で〜になります」を使って、法則や原理を説明できるようになる。
- 「だから」を使って、「〜です。だから、〜」のように漢字の成り立ちについて説明できるようになる。

レベル2の学習者
- 「そうすると」を使って、「人を横に書きます。そうすると、「寝る」になります」のように、法則や原理を説明できるようになる。
- 必要に応じて「〜ています」を使い、漢字の成り立ちについて説明できるようになる。また、その前提として動詞をテ形に変換できるようになる。
- 漢字の成り立ちについて「〜ですから、〜」「〜ますから、〜」のように、（文中に）「〜から」を使って説明できるようになる。

レベル3の学習者
- 「〜と、（〜は）〜なります」を使って、法則や原理を説明できるようになる。
- 漢字の成り立ちについて「〜るから、〜」「〜ないから、〜」のように、普通形に「〜から」を付けて説明できるようになる。また、その前提としてデス・マス形を普通形に変換できるようになる。

レベル4以上の学習者：106ページの「プリントで扱う文型・文法」を参照

活動の手順

1. 学習者を2〜3人の小さなグループに分け、みんなでいっしょに考えさせましょう。学習者が1人静かに考えることを好む場合は、まずは1人1人別々に考えさせ、その後で意見交換させるようにしましょう。

▶ 非漢字圏の学習者を対象に課題1をする時は、「人・青・読」などの漢字の意味を教え、「しんにょう」や「れっか」などの部首については、その部首を使った漢字を複数示して（「道・通・近」など）、意味を考えさせるようにしましょう。

▶ 活動2については、しばらく考えてもわからない場合には、以下の対話例のように、学習者がヒントが示唆する内容に（徐々に）気づくよう、上手にリードしてあげてください。

　レベル1の学習者の場合（活動2）
　T：答え、わかりましたか。

S：ぜんぜんわかりません。
　　T：そうですか。じゃあ、いっしょに考えましょう。
　　　（少し間を置いて）
　　T：私、1つ質問があります。娘さんは言いました。「私、ママ（パパ）が大嫌い！」
　　S：はい。
　　T：でも、顔はニコニコです。**どうしてですか？**

2. 全員の考えがまとまったら、答えを聞き、漢字の成り立ちと暗号解読の方法について日本語で説明させます。その際、学習者が話した内容をホワイトボードに板書し、ポイントを整理しましょう（学習者が書き写しやすいよう、できるだけ簡潔に書くようにしてください）。

❸ プリント学習

ここではレベルチェックと活動で断片的に学んできた語彙を整理し、かつレベルチェックで回避した文型・文法の学習をします。

1. 文法学習プリントを配付してください。

2. 学習者が答えを書き終わったら、間違いがないかチェックしてあげてください。その際、学習者に必ず自分が書いた答えを音読させましょう。

プリントで扱う文型・文法
- レベル❶
  - 形容詞文（非過去）【法則・原理の説明】
    ⇨「（〜は）〜です」「（〜は）〜くないです／〜じゃないです」
  - 「〜と〜で〜になります」【法則・原理の説明】
  - 「〜です。だから〜」「〜ます。だから〜」【成り立ちの説明】
- レベル❷
  - テ形の作り方
  - 「〜ます。そうすると、（〜は）〜になります」【法則・原理の説明】
  - 「〜ています」（動作の継続／状態）【成り立ちの説明】
  - 「〜から、〜」（デス・マス形による接続）【成り立ちの説明】
- レベル❸
  - 普通形の作り方
  - 「〜と、（〜は）〜になります」【法則・原理の説明】
  - 「〜から、〜」（普通形による接続）【成り立ちの説明】
- レベル❹
  - 「〜て、〜と、〜になります」【法則・原理の説明】
  - 「〜と、〜から、〜」【成り立ちの説明】

4 確認と練習

　プリントで学習した文型・文法を使って、ホワイトボードに板書した学習者の説明をもう一度話させましょう。2度目の練習ですから、1度目とは異なり、今度は内容と表現の両方に焦点を当てて話させるようにしてください。

5 リスニング

学習者への指示文（訳）
1. CDを聞き、反対の意味の言葉を答えましょう。
2. 留学生が自分の作った漢字について説明しています。どの漢字について説明しているか聞き取りなさい。
3. 先生が日本語の文法の説明をしています。その説明を聞いて、以下の言葉を適当な形に変えなさい。

1. まずは課題1で「大きい」と「小さい」のような対義語の復習をしましょう。すらすらと答えられれば問題ありませんが、そうでない時は、あなたが（例えば）「大きい」とキューを出し、学習者に「小さい」と答えさせる練習をしましょう。レベル1の学習者はこれで終わりです。

2. 課題2は創作漢字の説明を聞く練習です。おそらく答えはすぐにわかるので、CDを聞く前に各漢字の意味を想像させたり、3つ目の会話に出てきた「喫茶店」や「居酒屋」、「コンビニ」はどんな漢字になるか考えさせたりするとよいでしょう。レベル2の学習者はこれで終わりです。

3. 課題3ではイ形容詞の「い」をとって「く」を付けると副詞になるなどの日本語の語彙や文法の規則について説明しているので、その説明を聞いて具体例を挙げさせてみるとよいでしょう。CDは何度聞いても構いません。

話題と活動の広げ方

○学習者に「しりとり」や「回文」などの言葉遊びのルールを説明し、実際にやってみるのはどうでしょうか。また、主として非漢字圏の学習者のために、漢字の成り立ちについて独自のストーリーを作り、漢字の覚え方を提案させてみるのもよいでしょう。

○既に学習した日本語の文法規則（例. 辞書形の作り方）を学習者に説明させたり、数式や化学反応（例. 「赤と青を混ぜると紫になる」や「カレーにチョコレートを入れるとおいしくなる」）について説明させたりするのはどうでしょうか。

●学習者用シート　サンプル

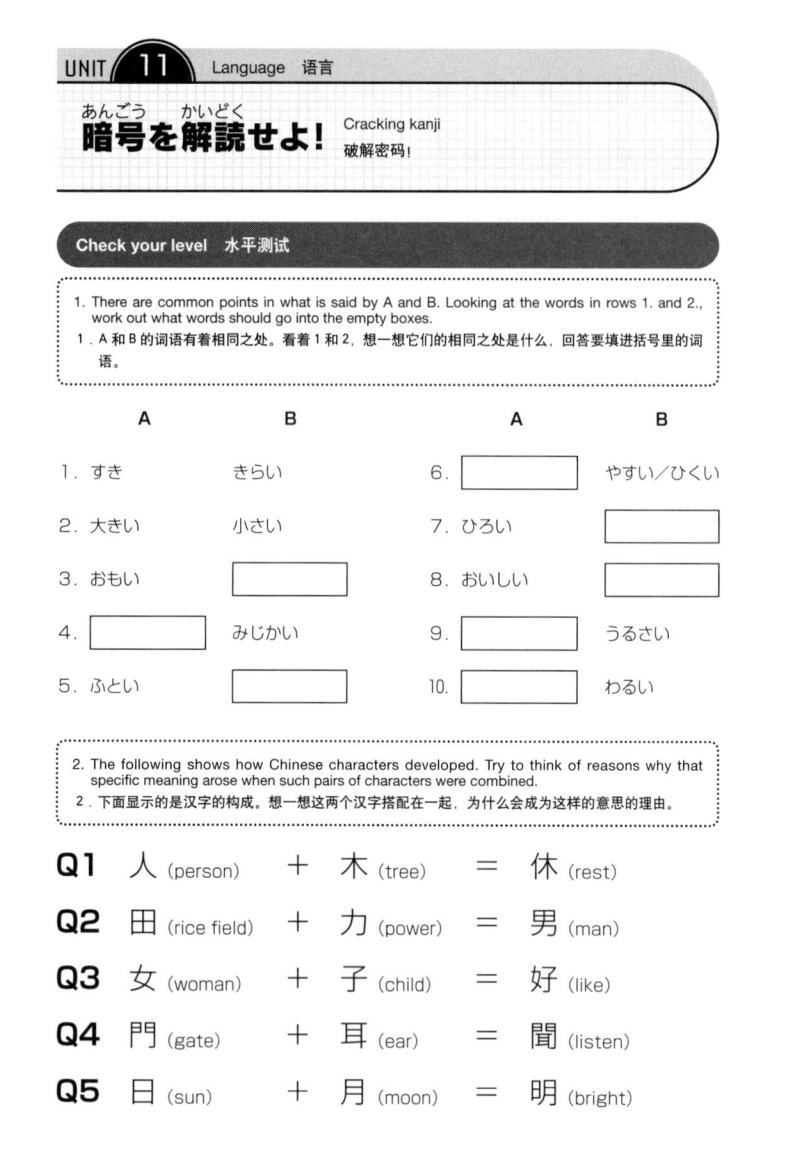

Activity 活动

1. These are imaginary characters made up by your daughter. Try to work out what meanings she is trying to get across.
1．这是你女儿构思的"创作汉字"。想一下它们分别表示什么意思。

ママ（ははい）、このかんじ、わかる？

1 2 3
4 5 6
7

UNIT 11　**Language** 语言

あんごう かいどく
暗号を解読せよ！　Cracking kanji 破解密码！

Check your level 水平测试

1. There are common points in what is said by A and B. Looking at the words in rows 1. and 2., work out what words should go into the empty boxes.
1．A和B的词语有相同之处。看着1和2，想一下这些词相同之处是什么。回答要填进括号里的词语。

	A	B
1.	すき	きらい
2.	大きい	小さい
3.	おもい	
4.		みじかい
5.	ふとい	
6.		やすい/ひくい
7.	ひろい	
8.	おいしい	
9.		うるさい
10.		わるい

2. The following shows how Chinese characters developed. Try to think of reasons why that specific meaning arose when such pairs of characters were combined.
2．下面显示的是汉字的构成。想一想这两个汉字搭配在一起，为什么会成为这样的意思的理由。

Q1　人 (person) ＋ 木 (tree) ＝ 休 (rest)
Q2　田 (rice field) ＋ 力 (power) ＝ 男 (man)
Q3　女 (woman) ＋ 子 (child) ＝ 好 (like)
Q4　門 (gate) ＋ 耳 (ear) ＝ 聞 (listen)
Q5　日 (sun) ＋ 月 (moon) ＝ 明 (bright)

Listening 收听

1. Listen to the CD and try to work out the opposite of the words you hear.
   听 CD，答出反义词。

   例 すき ⇔ きらい

   1. (　　)　2. (　　)　3. (　　)
   4. (　　)　5. (　　)　6. (　　)
   7. (　　)　8. (　　)　9. (　　)

2. An overseas student is explaining Chinese characters that she has invented herself. Try to work out which made-up characters the explanation refers to.
   留学生正在讲解自己构思的汉字。听一听她在对哪个汉字进行说明。

   1. (　　)　2. (　　)　3. (　　)

   A 語語語 / 語語語　B 食　C 雷 体

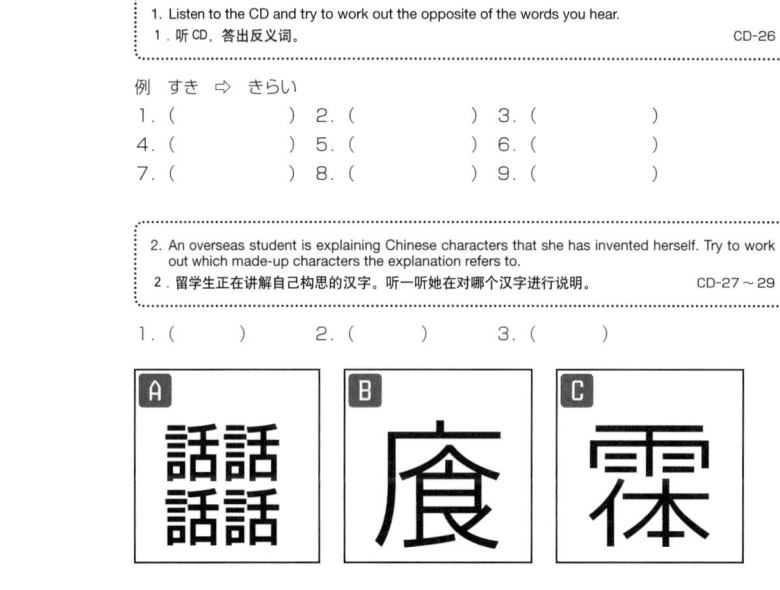

3. The teacher is explaining Japanese grammar. After listening to the explanations, put the following words in their appropriate form.
   老师正在讲解日语语法。听老师的讲解，然后把下面的词语变成恰当的形态。

   1. かわいい

      きれいな →＿＿＿＿＿

   2. すわってください →＿＿＿＿＿

      のみますか →＿＿＿＿＿

   3. しんせつ →＿＿＿＿＿

2. Today is your daughter's birthday. However, you forgot about it because you were so busy. For that reason, the angry daughter left the following note and has run away from home. Where do you think she has gone? Try to work out her whereabouts by solving the following puzzle. The answer is formed if you can fill the shaded boxes on the right.
   今天是你女儿的生日，但是你忙得把这件事忘得一干二净。为此而生气的女儿留下下面的女儿留下这张纸条，离家出走了。啊，糟了！女儿去哪儿了呢？破解下面的暗号，来特定你女儿现在在什么地方。从带有颜色的方框中的文字可以得知答案。

1. あかるい
2. まずい
3. じょうず
4. おおきい
5. しずか
6. くるしい
7. ふべん
8. むずかしい
9. ながい
10. かるい

ヒント：
わたし、ママ (ハハ) が
大きらい!

UNIT 11 暗号を解読せよ！ 109

UNIT 12　身の回りにあるもの

これ、なあに？

はじめに

　これは引いたカードに書かれた言葉に当てはまる物をどこまで言えるかを2人で競うゲームです。活動のページのイラストを見てください。学習者が引いた最初のカードは「長い」でした。そこで、彼は「長い物＝ネクタイ」と答えています。1点獲得です。次に2枚目のカードを引きます。今度は「硬い」なので、学習者は「長くて硬い物＝かさ」と答えました。これで2点獲得です。そして、3枚目のカードです。「速い」と書かれていますから、長くて硬くて速い物を答えなければなりません。答えられれば3点獲得で、4枚目のカードを引けますが、答えられなければ解答権は相手に移ります。そして、もし相手が答えられれば、相手が3点獲得し、初めの学習者は0点。相手も答えられなければ、初めの学習者は2点獲得し、最初の対戦が終了します。このように複数回対戦して、獲得した合計得点を競うのです。対戦が終了したら、ここで学習した語彙を使って、課題2をやってみましょう。

学習目標

● 物の形状や特徴を表す語彙（擬態語・擬音語を含む）を覚える。【語彙】
● その人なりの言い方で物の形状や特徴を説明できるようになる。【産出①】
● その人なりの言い方でその物の用途を説明し、探し物が何であるかを伝えられるようになる。【産出②】
● その物の形状や特徴を聞いて、それが何であるかを答えられるようになる。【理解】

1　レベルチェック

学習者への指示文（訳）
1. クイズです。以下の条件に当てはまる物は何でしょうか。日本語で答えなさい。日本語で何と言うかわからない時は、先生に聞きましょう。
2. 以下のものは「いつ」「なんのために」使うか、日本語で説明してみましょう。

　まずは語彙力の確認とレベルチェックです。まず、課題1で学習者が「丸い」や「赤い」などの語彙の意味を知っているかどうか確認し、クイズの答えをいっしょに考えましょう。答えは1つとは限りません。その後、課題2でイラストに描かれた3つの物について、そ

れを「いつ」「なんのために」使うか説明してもらいましょう。その時、何をどう話すかで学習者のレベルが判定できます。

【解答例】　Q１.トマト　　　　Q２.ピーラー（皮むき器）　Q３.マシュマロ
　　　　　Q４.ダイヤモンド　Q５.ふとん

ステップ1

まず、課題１の式に書かれた14の語彙のうち、いくつ意味を知っているか確認しましょう。9つ以下なら、この時点でレベル１の学習者と判定してよいでしょう。次に、身近にある物を指さし「そのかばんは重いですか」（イ形容詞文）、あるいは近所の遊戯施設や商店街を話題に挙げ「○○は静かですか」（ナ形容詞文）と、（あえて「いいえ」と言わせるような）質問をしてみましょう。「いえ、重くないです」「いえ、静かじゃないです」と否定形で答えられたら[注]、一応**レベル２**の学習者と判断してよいでしょう。答えられなければ、レベル１の学習者です。

注　学習者が「いえ、軽いです」と対義語で答えた時は、「いえ、おも…」のように言い、否定形を引き出しましょう。学習者の中には一部の形容詞について否定形を語彙として覚えている人がいるので、「おいしくない」「大きくない」などと答えたら、「おいしい、おいしくない」「大きい、大きくない」「重い、…？」と聞き、活用が規則としても理解されているかどうか確認しましょう。

ステップ2

ステップ１をクリアした学習者には、Q１についてあなたが「丸い、赤い、野菜。トマトです。丸くて赤い野菜はトマトです」と言って例を示し、Q２〜Q５について学習者に同じように言わせましょう。「ふわふわで甘いお菓子はマシュマロです」「大きいですが、重くないものはふとんです」のように答えられたら、一応**レベル３**の学習者と判断してよいでしょう。答えられなければ、レベル２の学習者です。

ステップ3

ステップ２をクリアした学習者には、課題２の３つの物について、それを「いつ」「なんのために」使うか説明してもらいましょう。「ワインを開ける時、使います」のように、「〜時、使う」を使って答えられたら、**レベル４以上**の学習者と判断してよいでしょう。できなければ、レベル３の学習者です。

2 活動

> **学習者への指示文（訳）**
> 1. ゲームをしましょう。まず、対戦相手の持っている（あるいはテーブルの上に裏返しにされた）カードの中から1枚引き、そこに書かれた言葉に当てはまる物を言いましょう。言えたら、1点獲得です。次に2枚目のカードを引き、1枚目と2枚目、両方の言葉に当てはまる物を言いましょう。言えたら、もう1点獲得です。あなたは何枚目まで答え続けられますか。
> 2. あなたはお店で以下の物を探しています。でも、日本語で何というかわかりません。店員さんにその物の形や色、用途を説明し、どの売り場にあるかを尋ねましょう。ジェスチャーを使ってはいけません。

語彙力の確認とレベルチェックが終わったら、いよいよ活動です。まずは「活動1」で語彙を増やしましょう。ユニット11で学習した以外の物の形や色を表すイ形容詞・ナ形容詞、「つるつる」「ざらざら」などの手触り感を表す語彙などが対象です。その後、活動2でそれらの語彙を使って探し物が何かを伝える練習をします。

カードの内容（CDに収録）
　　　　イ形容詞：大きい、小さい、重い、軽い、長い、短い、太い、細い、硬い、柔らかい
　　　　　　　　　赤い、青い、白い、黒い、黄色い、丸い、四角い
　　　　ナ形容詞：便利、きれい、つるつる、ざらざら、ぴかぴか、でこぼこ、ぎざぎざ、
　　　　　　　　　ふわふわ、くるくる、ころころ

各レベルの到達目標

レベル1の学習者
- 「かわいい」や「便利」、「ふわふわ」など、物の特徴を表す語彙（イ形容詞・ナ形容詞・擬態語・擬音語）を覚える。そして、それらの語彙を使ってそのものの特徴を説明できるようになる。
- 覚えたイ形容詞・ナ形容詞の活用（非過去）ができるようになる。
- 「このくらい」や「こんな〜」などの表現を使って物の形や色を説明できるようになる。

レベル2の学習者
- 2つ以上の語彙（イ形容詞・ナ形容詞・擬態語など）を使って、その物の特徴を説明できるようになる。
- 「丸くて、赤い」や「ふわふわで、甘い」のように、複数の形容詞をつなぐことができるようになる。
- 「〜と同じ〜」や「〜みたいな〜」などの表現を使って物の形や色を説明できるようになる。

レベル３の学習者
●「〜時、使います」や「〜時、便利です」を使って、その物の用途を説明できるようになる。また、その前提としてデス・マス形を普通形に変換できるようになる。

レベル４以上の学習者：114ページの「プリントで扱う文型・文法」を参照

活動の手順

1. 学習者を２〜３人の小さなグループに分け、３回戦制または５回戦制でゲームをしましょう。

▶カードに書かれた言葉の意味がわからない時や、答えとなる物や動物を日本語で何と言うかわからない時は、辞書で調べさせてもかまいませんし、（母語が同じ学習者同士なら）他の学生に母語で質問したり、母語で答えて後で辞書を調べさせたりしてもかまいません。

2. ゲームが終わったら、それぞれが辞書で調べた語彙を報告させ、それをホワイトボードに板書して共有しましょう。

3. 次に「活動２」をします。イラストで示された物の名前を知らない時、どう説明すれば店員に伝わるか、みんなでいっしょに考えさせましょう。学習者が１人静かに考えることを好む場合は、まずは１人１人別々に考えさせ、その後で意見交換させるようにしましょう。

4. 考えがまとまったら、それを日本語で報告させます。その際、外国人とあまり接したことのない店員になったつもりで、「これでは伝わらないなあ」と思った時は、それを正直に（でも、相手を傷つけない程度に）言葉や表情で伝えましょう。また、時折以下のように助け舟も出してあげましょう。

レベル１の学習者の場合（上級編：孫の手）
S：すみません。日本語で何ですか。わかりません。
T：どんなものですか。
S：例えば、後ろ（＝背中）…、う〜ん。（ジェスチャーで示したいができない）
T：**ああ、「かゆい」。**
S：そ、そう。かゆい。かゆい。長い、長いスティック。手。小さい手。
T：**ああ、孫の手ですね。**
S：そう、そう。それ、ありますか。

5. 学習者が話した内容をホワイトボードに板書し、前述の対話例の「かゆい」のように対話の中で新たに学んだ語彙や「知っておくと便利」と思った表現などを整理しましょう（学習者が書き写しやすいよう、できるだけ簡潔に書くようにしてください）。

3 プリント学習

　ここではレベルチェックと活動で断片的に学んできた語彙を整理し、かつレベルチェックで回避した文型・文法の学習をします。

1. 文法学習プリントを配付してください。

2. 学習者が答えを書き終わったら、間違いがないかチェックしてあげてください。その際、学習者に必ず自分が書いた答えを音読させましょう。

プリントで扱う文型・文法
- レベル❶
  - 擬態語（「ぴかぴか」「ふわふわ」など）【物の特徴の説明】
  - 形容詞文（非過去）【物の特徴の説明】
    ⇨「（〜は）〜です」「（〜は）〜くないです／〜じゃないです」
  - 「このくらい（の〜）」「こんな〜」など【物の特徴の説明】
- レベル❷
  - 擬態語（「ぴかぴか」「ふわふわ」など）【物の特徴の説明】
  - 「〜くて、〜」（イ形容詞文の接続）【物の特徴の説明】
  - 「〜で、〜」（ナ形容詞文・名詞文の接続）【物の特徴の説明】
  - 「〜と同じ〜」「〜みたいな〜」など【物の特徴の説明】
- レベル❸
  - 普通形の作り方
  - 「〜時、使います」【用途の説明】
  - 「〜時、便利です」【用途の説明】
- レベル❹
  - 「〜（する）のに使います／便利です」【用途の説明】
  - 「〜（ない）ように、〜ます」【用途の説明】
  - 「〜時、〜ば、〜」【用途の説明】

4 確認と練習

　プリントで学習した文型・文法を使って、もう一度課題2の説明をさせましょう。2度目の練習ですから、1度目とは異なり、今度は内容と表現の両方に焦点を当てて話させるようにしてください。

5 リスニング

学習者への指示文(訳)
男の人が店で探し物をしています。彼はそれを日本語で何というか知りません。説明を聞き、彼の探している物を記号で答えなさい。

1. まずは探し物はどれかを聞き取らせましょう。会話はナチュラル・スピードですし、レベル1の学生には理解できない語彙・表現も含まれているので、最初は面食らうかもしれませんが、その物の特徴や用途さえ聞き取れれば解答できるはずです。CDは何度聞いても構いません。

2. 学習者が解答を終えたら、答えを確認しましょう。レベル1の学習者はこれで終わりです。それ以外の学習者には以下の質問例を参考にもう少し細かな内容まで聞き取らせるようにしましょう。

質問の例
　　1. 会話A〜Iの商品の名前は日本語で何ですか。
　　2. 会話A〜Iの商品はいつ使いますか。
　　3. 会話A〜Iの商品は何をするのに使いますか。
　　4. その他、内容理解を確認する質問

話題と活動の広げ方

○一見して何に使うかわからない商品の写真を学生に見せ、その用途についてみんなで考えてみるのはどうでしょうか。また、「あったら、いいなあ」と思う便利グッズについて、みんなで考えてみるのはどうでしょうか。
○このユニットで取り上げた以外の物について、大きさや形状、用途について説明し、その商品がどこにあるかを尋ねるロールプレイをしてみるのはどうでしょうか。

● 学習者用シート　サンプル

Activity 活動

1. Time for a game. First of all, take one of the cards offered by the other player (or a card that is face down on the table) and think of something that the word on it could refer to. If you can, you get one point. Then take a second card, and try to think of something that fits both card words. If you can, you get another point. Take a third card. How many times can you go on drawing cards and thinking of suitable words like this?
1. 现在来做一个游戏。首先，从游戏对方手中（或者背面朝上放在桌子上）的卡片中抽出一张，说出可以与上面所写的词相称的东西。说对了的话，得1分。然后再抽第2张卡片，说出可以与卡片和第2张卡片两边所写的词都相称的东西。说对了的话，再得1分。看看你能连续回答到第几张。

1点
2点
Bさん
Bさん3点　Aさん0点

ながい・・・
ネクタイ！

ながい、かたい・・・・
かさ！

は、はやい！
う〜ん、・・・・

しんかんせん！

UNIT 12　Daily accessories　身边的东西

これ、なあに？

What is this?
这、是什么啊？

Check your level　水平测试

1. It's quiz time. What things do the descriptive terms below refer to? Answer in Japanese. Ask the teacher any time you do not understand something in Japanese.
1. 这是猜谜。与下面的条件相称的东西是什么？请用日语回答。不知道日语怎么说的时候，可以问老师。

Q1　まるい　＋　あかい　＋　やさい　＝　?

Q2　かるい　＋　べんり　＋　どうぐ　＝　?

Q3　ふわふわ　＋　あまい　＋　おかし　＝　?

Q4　ぴかぴか　＋　きれい　＋　もの　＝　?

Q5　おおきい　＋　~~おもい~~　＋　もの　＝　?

2. Explain in Japanese when and for what purpose the items below are used.
2. 请用日语说明一下，下面的东西是"什么时候"、"干什么"用的。

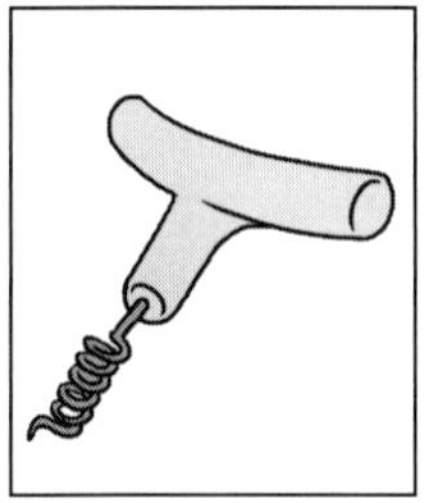

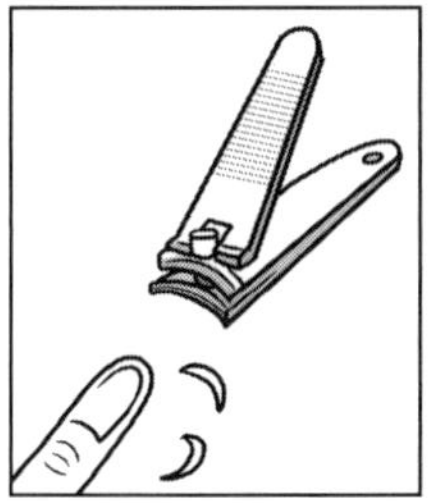

Listening 收听

A man is looking in a shop, and he sees something he cannot name in Japanese. Listen to his explanation and indicate with a mark at the bottom (1-4) what he is looking for.
一位男顾客正在商店里找商品。他不知道这种商品用日语怎么说。听一下他的说明，用记号回答他在找什么商品。

CD-33～36

1. (　)　2. (　)　3. (　)　4. (　)

2. In a shop, you're looking for the following items, but you do not know how to say their names in Japanese. Explain to the shop assistant the shape, color and use of the articles you want, and ask where they might be stocked. Do not use gestures.
你正在商店里找下面的商品。但是你不知道用日语怎么说。你把这种东西的形状、颜色以及用途告诉给售货员，同他打听这种商品在哪个柜台卖。但不可以用手势。

Basic 初级

Intermediate 中级

Advanced 高级

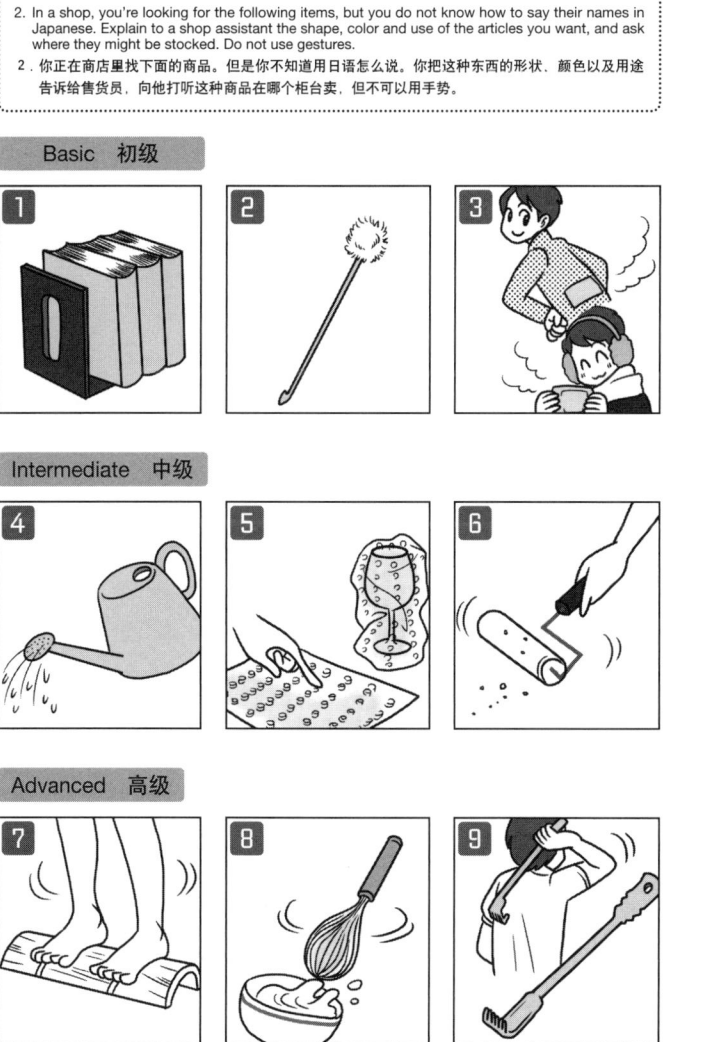

UNIT 12　これ、なあに？　117

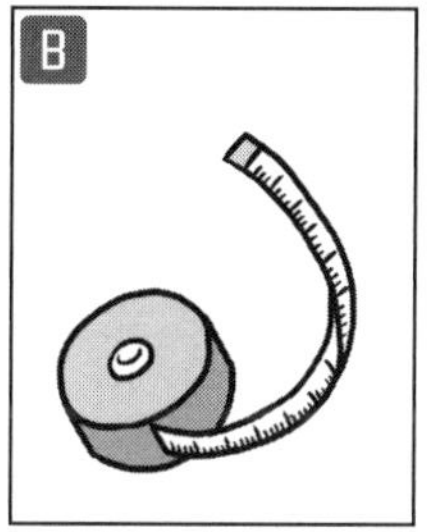

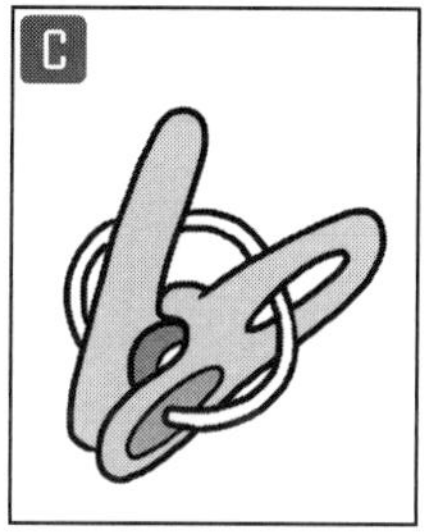

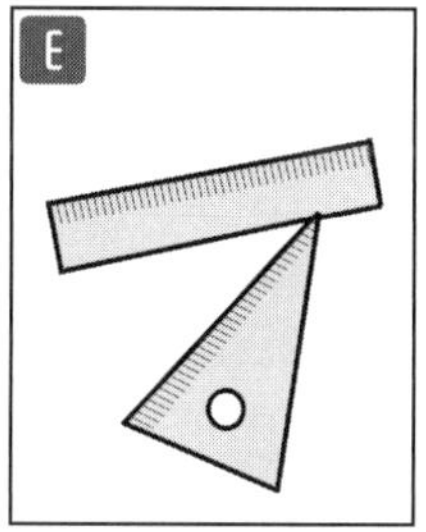

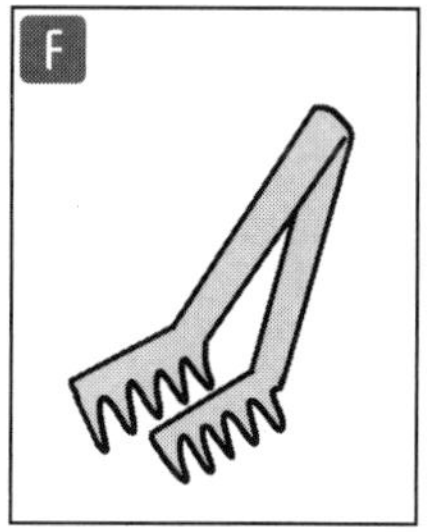

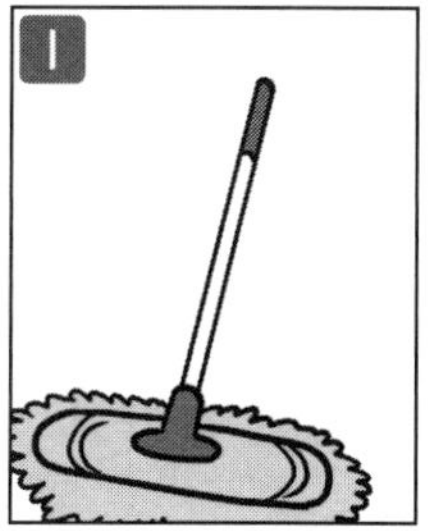

UNIT 13　人間関係

私はプロデューサー

はじめに

　これはテレビ局のプロデューサーになって、ドラマの企画・立案をする活動です。出演する12人の俳優は既に決まっていますから、まずこの中の誰を主役にするかを決めなければなりません。仮に10代の売り出し中のアイドルを主役に抜擢するとしたら、彼女の周りにどんな人間関係を作り上げたらいいでしょう？　両親、祖父母、兄弟姉妹に囲まれた大家族。あるいは離婚した母親との2人暮らし。家族以外ではどうでしょうか？　親友と呼べる友だちや恋人はいるのでしょうか？　また、彼女はどんな性格で、どんな趣味や特技を持った子なのでしょう？　これらの設定をどうするかでドラマのストーリーや視聴者層は大きく変わってきます。そして、主役が決まったら、物語がどのように始まり、どう展開し、最後はどう終わるのかを考えましょう。

学習目標

●家族関係や人間関係、個人の人柄や趣味などについて話すのに必要な語彙を覚える。
【語彙】
●その人なりの言い方で登場人物のプロフィールや互いの関係を説明できるようになる。
【産出①】
●その人なりの言い方で自分が見たドラマのストーリーを説明できるようになる。【産出②】
●他者紹介を聞き、その人のプロフィールや家族・人間関係を聞き取れるようになる。【理解】

1　レベルチェック

学習者への指示文（訳）
これは現在放送中のドラマ『大学病院物語』の人物相関図です。ヒロイン「りな」を取り巻く人間関係と各登場人物のプロフィール（年齢、性格、特技など）を説明してみましょう。また、これはどんなドラマか（コメディ、恋愛、サスペンスなど）、ストーリーを想像してみましょう。

　まずは語彙力の確認とレベルチェックです。学習者が主人公「りな」を取り巻く人々の関係を説明するので、まずはそれを聞きましょう。その時、何をどう話すかで学習者のレベ

ルが判定できます。学習者の母語で書かれた情報は以下の通りです。

ドラマの登場人物
※【　】内の情報は文字表記されていないもののイラストから類推できるもの

役柄	役名・職業	性格	個人情報
主人公（24）	りな【看護師】	明るい・いつも元気	—
あこがれの人（30）	南条先生【医者】	頭がいい・やさしい	—
父（55）	—	—	好き：お酒
母（48）	—	—	好き：旅行
病院長（45）	—	—	上手：料理
先輩看護師（32）	藤田さん	きびしい・やさしい	—
親友（24）	さくら・保育士	恥ずかしがり屋	上手：絵
高校の先輩（26）	新聞記者	まじめ・大人しい	—

ステップ1　まず「これはだれですか」と聞き、学習者が家族関係・人間関係を表す言葉をどの程度知っているか確認しましょう。そして次に「どんな人ですか」と聞き、「やさしい」や「元気」などの人柄を表す語彙が出てくるかどうか確認しましょう[注1]。また、「料理が上手です」「旅行が好きです」のように、「（〜は）〜が〜です」を使って、趣味や特技についても話せれば、一応**レベル2**の学習者と判断してよいでしょう。できなければ、**レベル1**の学習者です。

注1　「親友」や「先輩」、「きびしい」や「恥ずかしがり屋」などの言葉は知らなくても問題ありません。

ステップ2　ステップ1をクリアした学習者には、例えば「お母さんは明るいです。元気です。2つの文を1つにしてください」と言い、「明るくて、元気です」のような形容詞文の接続ができるか確認しましょう（それ以外にも、「まじめで、おとなしいです」のようなナ形容詞が先に来る接続や、「きびしいですが、やさしいです」のような逆接も）。その後、「りなさんはどこで働いていますか」や「りなさんの両親はどこに住んでいますか」などの「〜ています」を使った質問をしてみましょう。これらの発話が難なくできれば、一応**レベル3**の学習者と判断してよいでしょう。できなければ、**レベル2**の学習者です。

ステップ3　ステップ2をクリアした学習者には、例えば「藤田さんはきびしい人ですね。どんな時、きびしいですか」[注2]と聞き、「仕事で失敗した時、きびしいです」や「一生懸命仕事をしない時、きびしいです」のような「〜時」を使った発話ができるか確認しましょう[注3]。その後で、今度は「はるかさんは親友です。りなさんが悲しい（大変な）時、はるかさんはりなさん（のため）に何を・・・」と聞き、「話を聞いてあげます」や「手伝ってあげます」のような「〜てあげる」を使った発話

ができるか確認しましょう[注4]。どちらも難なくできれば、**レベル4以上**の学習者と判断してよいでしょう。できなければ、レベル3の学習者です。

注2 情報として与えられていないことを想像で話させるので、本当は「どんな時、厳しいと思いますか」と聞くのがより適切ですが、文の構造が複雑になってしまうので、このような単純な聞き方をしています。

注3 この時「仕事の時です」のように「(名)の時」の形で答えたら、「仕事。たとえば？」と聞き返し、動詞や形容詞の後にも「〜時」が使えるか確認しましょう。

注4 「〜てあげる」がすぐに出てこなければ、話題を学習者自身の友人や家族に変え、「何をして…」と質問してみましょう。それでも出てこなければ、レベル3の学習者です。

2 活動

> **学習者への指示文（訳）**
> あなたの町のテレビ局では、この秋に放送されるドラマの企画を募集しています。出演するのは右ページの12人の俳優です。あなたなら、どんなドラマを作りますか。

　語彙力の確認とレベルチェックが終わったら、いよいよ活動です。以下は学習者用の教材に書かれている指示文を翻訳したものです。指示された手順でドラマの企画を立ててみましょう。

学習者への指示内容（訳）
1. まず、ドラマのジャンルを決めましょう。
    ①恋愛ドラマ　②学園ドラマ　③刑事ドラマ　④歴史ドラマ
    ⑤ＳＦドラマ　⑥スポーツドラマ　⑦医療ドラマ　⑧その他
2. 次に誰を主人公にし、誰を相手役にするか決めましょう。
3. 決めたら、A4サイズの紙を用意し、その人物のイラストを紙の中央に貼って、2人のプロフィールと関係を書き入れましょう。その後で、それ以外の登場人物についてプロフィールや他者との関係を書き入れましょう。
4. ドラマのストーリーと結末を考えてみましょう。
5. テレビ局にあなたの企画が採用されました。実在の俳優・女優を使っていよいよドラマ化です。あなたなら、誰にどの役をキャスティングしますか。

各レベルの到達目標

レベル1の学習者
- 「お父さん」や「お姉さん」、「恋人」などの家族関係・人間関係を表す語彙を覚える。

- 「リナさんはいつも元気です」や「藤田さんは厳しい人です」のように、その人の人柄について説明できるようになる。
- 「料理が上手です」「旅行が好きです」のように「(〜は) 〜が〜です」を使って趣味・特技について説明できるようになる。

レベル2の学習者
- 「明る<u>くて</u>、元気」や「まじめ<u>で</u>、おとなしい」、「きびしい<u>ですが</u>、やさしい」のような形容詞文の接続ができるようになる。
- 「りなさんは病院で働いています」や「両親は大阪に住んでいます」のような「〜ています」を使った発話を理解・産出できるようになる。また、その前提として動詞を「テ形」に変換できるようになる。
- 「さくらさんは絵を描く<u>の</u>が上手です」のように、「(〜は) Vのが〜です」を使ってその人の趣味や特技を説明できるようになる。また、その前提として動詞を「辞書形」に変換できるようになる。

レベル3の学習者
- 家族や友人、職場の同僚との関係を「仕事で失敗した時、きびしいです」のように、「〜時」を使って話せるようになる。また、その前提としてデス・マス形を普通形に変換できるようになる。
- 家族や友人、職場の同僚との関係を「さくらさんはりなさんの話を聞いてあげます」のように、「〜てあげます／〜てもらいます」を使って話せるようになる。

レベル4以上の学習者：123ページの「プリントで扱う文型・文法」を参照

活動の手順

1. 学習者を2〜3人の小さなグループに分け、みんなでいっしょに考えさせましょう。学習者が1人静かに考えることを好む場合は、まずは1人1人別々に考えさせ、その後で互いのアイデアを披露し合うようにしましょう。

2. 考えがまとまったら、それを日本語で報告させます。その際、一方的に話させるのではなく、時には以下の対話例のように学習者の発話を促し、上手にリードしてあげてください。

    レベル1の学習者の場合
    S：これは恋愛のドラマです。Main castはこの人です。（中央の若い男性のイラストを指さしながら）
    T：**どんな人ですか。**

S：勉強がきらいです。でも、本当は頭がいいです。
T：なるほど。**それで。**
S：彼女は彼の恋人です。
T：**彼女も学生ですか。**
S：いえ、学生じゃありません。彼女は今アルバイトします。
T：**二人はどこで会いましたか。**
S：高校で会いました。彼はサッカーの選手でした。彼女はサッカーのクラブの…。いろいろ手伝います。
T：ああ、マネージャー。
S：そうです。マネージャー（ノートにメモ）

3. 学習者が話した内容をホワイトボードに板書しましょう（その際、学習者が書き写しやすいよう、できるだけ簡潔に書くようにしてください）。

3 プリント学習

　ここではレベルチェックと活動で断片的に学んできた語彙を整理し、かつレベルチェックで回避した文型・文法の学習をします。

1. 文法学習プリントを配付してください。

2. 学習者が答えを書き終わったら、間違いがないかチェックしてあげてください。その際、学習者に必ず自分が書いた答えを音読させましょう。

プリントで扱う文型・文法
- レベル❶
  - 家族関係や人間関係を表す語彙（「弟」「親友」「先輩」など）
  - 形容詞文と形容詞の名詞修飾【人間関係・人柄】
    ⇨「〜は（形）です」「〜はどんな人ですか」
  - 「〜は〜が好きです」「〜は〜が上手です」【プロフィール】
- レベル❷
  - 辞書形、テ形の作り方
  - 形容詞文の接続【人間関係・人柄】
    ⇨「（イ形）くて、〜」「（ナ形）で、〜」「（イ形／ナ形）ですが、〜」
  - 「〜ています」（習慣的行為）【プロフィール】
  - 「〜は〜のが〜です」【プロフィール】
- レベル❸
  - 普通形の作り方
  - 「Aさんが〜時、Bさんは〜」【人間関係・人柄の紹介】
  - 「〜は〜てあげます／〜は〜に〜てもらいます」【人間関係・人柄】

| レベル ❹ | ・「そ」と「あ」の使い方（文脈指示）【ストーリー】
・「～てから～ようになりました」【ストーリー】
・「～時、～てあげます／～に～てもらいます」【ストーリー】 |

4　確認と練習

　プリントで学習した文型・文法を使って、ホワイトボードに板書した学習者のアイデアをもう一度話させましょう。２度目の練習ですから、１度目とは異なり、今度は内容と表現の両方に焦点を当てて話させるようにしてください。

5　リスニング

> **学習者への指示文（訳）**
> 日本語のクラスで１人の学生が、自分が最近よく見ているドラマについて話しています。その話を聞き、関係のある語を ▭ から選び、空欄に書き入れなさい。

1. まずは８人の紹介を聞き、各人の人柄や趣味について聞き取らせましょう。その後で互いの関係についても聞き取らせましょう。会話はナチュラル・スピードですし、レベル１の学生には理解できない語彙・表現も含まれているので、最初は面食らうかもしれませんが、キーワードさえ聞き取れれば解答できるはずです。ＣＤは何度聞いても構いません。

2. 学習者が解答を終えたら、答えを確認しましょう。レベル１の学習者はこれで終わりです。それ以外の学習者には以下の質問例を参考にもう少し細かな内容まで聞き取らせるようにしましょう。

質問の例
　　1.「はると」はどんな人ですか。
　　2.「はると」はどこで働いていますか。
　　3. 兄の「あきら」の趣味は何ですか。
　　4. その他、内容理解を確認する質問

話題と活動の広げ方

○今までに見たドラマや映画の内容について、登場人物の相関図を描きながら、説明し合うのはどうでしょうか。
○人物の写真を見て、その人の性格や職業、趣味などについて想像してみるのはどうでしょうか。

UNIT ⓭　私はプロデューサー

● 学習者用シート　サンプル

Activity 活動

The local TV station in your town is recruiting actors for a drama scheduled to be aired in autumn. The 12 characters on the next page are due to appear. If you could choose, what kind of drama would you make, based on choices 1-8?

你所住地区的电视台正在征集betsuko今年秋天播放的电视连续剧的企划，演出者为下一页所列的12名演员。如果是你的话，会制作什么样的电视剧？

1. First, pick a genre.
1. 首先决定电视剧的体裁。

① れんあいドラマ　Romance　爱情片
② がくえんドラマ　School drama　校园片
③ けいじドラマ　Detective story　刑事片
④ れきしドラマ　Historical drama　历史片
⑤ SFドラマ　Science fiction　科幻片
⑥ スポーツドラマ　Sports-related drama　体育片
⑦ いりょうドラマ　Hospital drama　医疗片
⑧ そのた　Other　其他

2. Now decide who is to take the lead and supporting roles.
3. After deciding this, get an A4 sheet and paste illustrations of the characters in the middle. Then detail relationships among pairs of characters. After that, add in profiles of all the other characters appearing, and their relationships with the main characters.
4. Try to work out a story and ending for your drama.
5. The TV company has decided to accept your proposal. It is going to be dramatized with real actors and actresses. What casting would you propose?

2. 然后，决定由谁饰演主人公、准饰演主人公的搭档。
3. 决定之后，准备一张A4的纸，把他们的插图贴在纸的中间。写上两个人的基本情况和关系。然后，再写上其他登场人物的基本情况和与其他人的相互关系。
4. 构思一下电视剧的剧情和结局。
5. 你的企划决定被电视台采用了。就要采用正式演员来拍摄电视剧了。如果是你的话，会怎样来分配角色。让哪一个人来演哪一个角色？

UNIT 13　Relations among people　人际关系

わたしはプロデューサー

You the producer
我是制片人

Check your level　水平测试

This diagram shows relations among characters appearing in a TV drama currently being broadcast, "University Hospital Story." Describe key character Rina's relationships with other characters, and profile the characters (in terms of age, gender and skills, etc.). Try to imagine what kind of drama this is (comedy, romance, thriller, etc.), and how the storyline goes.

这是现正在正在播放的电视连续剧《大学附属医院的故事》中的登场人物相关图。请介绍一下围绕主角"莉娜"的人际关系和各个登场人物的基本情况（年龄、性格、特技等等）。另外，想像一下这是什么体裁的电视剧（喜剧、推理等等）、爱情、有育怎样的故事情节。

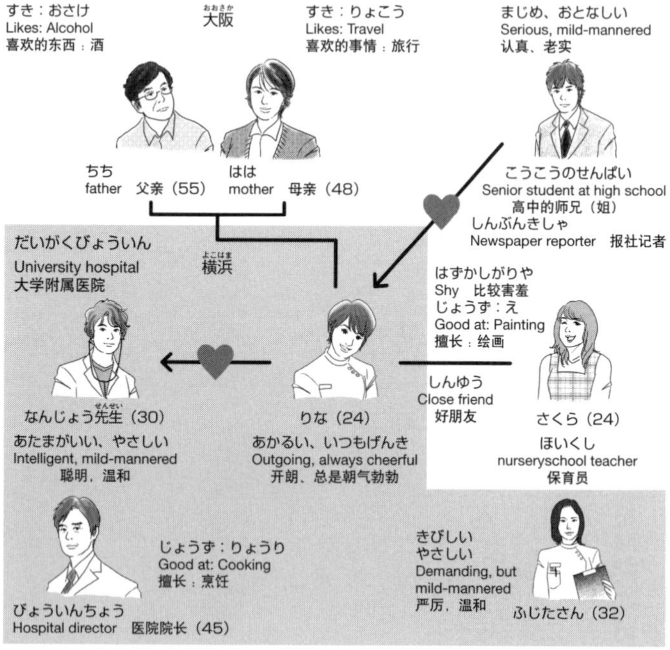

すき：おさけ
Likes: Alcohol
喜欢的东西：酒

ちち　父来 (55)
father

だいがくびょういん
University hospital
大学附属医院

なんみょうせい (30)
あたまがいい、やさしい
Intelligent, mild-mannered
聪明、温和

びょういんちょう
Hospital director
医院院长 (45)

おおさか
大阪

すき：りょこう
Likes: Travel
喜欢的事情：旅行

はは　母来 (48)
mother

よこはま
横浜

じょうず：りょうり
Good at: Cooking
擅长：烹饪

まじめ、おとなしい
Serious, mild-mannered
认真、老实

こうこうのせんぱい
Senior student at high school
高中的师兄（姐）
しんぶんきしゃ
Newspaper reporter
报社记者

はずかしがりや
Shy
害羞
じょうず：え
Good at: Painting
擅长：绘画

リナ (24)

あかるい、いつもげんき
Outgoing, always cheerful
开朗、总是朝气勃勃

しんゆう
Close friend
好朋友

さくら (24)
ほいくし
nursery school teacher
保育员

きびしい、やさしい
Demanding, but mild-mannered
严厉、温和

ふたごさん (32)

124

Listening 收听

A student from the Japanese class is talking about a recent drama she has been watching regularly. Listen and match the words you hear with the characters below, filling in the boxes.
在日语班，有个学生正在讲自己最近经常看的电视剧。听一下讲述，从括号中选出有关词语填入空栏。
CD-37

ひとがら
ⓐ あかるい
ⓑ あたまがいい
ⓒ おとなしい
ⓓ げんき
ⓔ しんせつ
ⓕ せきにんかんがつよい
ⓖ はずかしがりや
ⓗ まじめ
ⓘ やさしい

すき・しゅみ
㋐ おかし
㋑ おしゃれ
㋒ ずもう

1 はると
2 みさき
3 はるな
4 おじさん
5 おかあさん
6 おじさん
7 なつみ
8 あきら
けんた
ちかこ

UNIT 13 私はプロデューサー 125

UNIT 14 生活環境

どんなところに住みたい？

はじめに

　これは、自分が住みたい町の環境をデザインする活動です。公園や学校などのイラストを切り取り、付属CDに収録されている地図の空いているスペースに配置します。この活動のポイントは、①部屋の位置と②立地という2つの条件を天秤にかけながら、限られた予算の範囲内で住環境をデザインさせるという点にあります。例えば、地下鉄の駅を見てください。アパートに近いZONE 1に置くと家賃は5,000円高くなります。また部屋も、見晴らしのいい上層階の部屋を選ぶと家賃は高くなりますし、下層階を選ぶと逆に安くなります。そのため、利便性を重視すれば、日当りの悪い下層階に住まなければなりませんし、反対に見晴らしのよい上層階を選べば、その分利便性が悪くなるわけです。決められた条件の中でどこまで自分の理想に近い住環境が整えられるか、学習者といっしょに考えてみましょう。

学習目標

● 住環境を説明するのに必要な表現・語彙（例.「駅に近い」など）を覚える。【語彙】
● その人なりの言い方で自分が住みたい町の環境を説明できるようになる。【産出①】
● その人なりの言い方でなぜそのようなところに住みたいのかを説明できるようになる。【産出②】
● 部屋の広さや家賃、立地などの物件情報を聞き取れるようになる。【理解】

1 レベルチェック

学習者への指示文（訳）
地図上のA～Dのマンションの近くには何がありますか。また、あなたなら、どのマンションに住みたいですか。

　まずは語彙力の確認とレベルチェックです。学習者がマンション周辺の環境について紹介し、その後でA～Dのどのマンションに住みたいか話すので、まずはそれを聞きましょう。その時、何をどう話すかで学習者のレベルが判定できます。

ステップ1　「これは駅です」「スーパーはここです」のように、「〜は〜です」という名詞文で話したら、「〜に〜があります」という文型を知っているかどうか確認するために、「Aのマンションの近くに何がありますか」と聞き直してみましょう。「駅があります」「コンビニがあります」のように答えられたら、今度は「AとC、どちらがいいですか」と聞き、「どうしてですか」とその理由も尋ねてみましょう。「AはCより便利です」や「Cは駅から遠いですが、静かです」のように、比較・対比の表現を使って答えられれば、一応**レベル2**の学習者と判断してよいでしょう。できなければ、レベル1の学習者です。

ステップ2　ステップ1をクリアした学習者には、次に（ステップ1での学習者の説明を受けて）「近くにコンビニがあります。どうして便利ですか」「駅から近いです。どうしていいですか」と聞いてみてください。その時、「いつでも買い物ができます」や「朝早く起きなくてもいいです」のように、可能形や「〜なくてもいいです」を使って答えたら、一応**レベル3**の学習者と判断してよいでしょう。できなければ、レベル2の学習者です。

ステップ3　ステップ2をクリアした学習者には、「駅から近いです。朝早く起きなくてもいいです。2つの文を1つにしてください」と言い、「〜ば」を使った文の接続ができるか確認してみましょう[注1]。その後、「どんなところに住みたいですか」と聞き、「駅から近いところに住みたいです」「家賃が安いところに住みたいです」のような連体修飾節を使った発話ができるか確認してみましょう[注2]。いずれも難なくできれば、**レベル4以上**の学習者と判断してよいでしょう。できなければ、レベル3の学習者です。

注1　「〜ば」を使わず、「駅から近いですから、朝遅く起きられます」のように答えた場合は、「『〜ば』を使ってください」のように明示的に促しましょう。

注2　「安いところに住みたいです」のように形容詞1語による修飾だったり、「家賃が安い。いいです」のように2文に分かれていたりした時は、レベル3の学習者です。

2 活動

学習者への指示文（訳）

あなたは今引っ越しを考えています。次ページのイラストを切り取り、空き地のシートに以下の手順で配置しましょう。

① まず、以下のマンションの空部屋の中から、間取り、見晴らし、日当たりなどの条件を考え、希望の部屋を選んでください。

② 部屋を決めたら、次に、切り取った建物をマンションの周りに配置してください。

（注１）どの建物をどこに置くかで家賃が変動します。

☆印の付いている建物をZONE Ⅰに置くと、プラス５,０００円、ZONE Ⅲに置くと、マイナス５,０００円になります。

★印の付いている建物をZONE Ⅰに置くと、マイナス５,０００円になります。その他は変わりません。

印のついていない建物もあります。

（注２）家賃が１００,０００円以内に収まるように配置してください。

語彙力の確認とレベルチェックが終わったら、いよいよ活動です。この活動には「正解」と呼べるものはありません。決められた予算の範囲内で、自分が住みたい町の環境をデザインさせましょう。

各レベルの到達目標

レベル１の学習者
- 「（〜に）〜があります」という表現を使って、マンション周辺の環境について説明できるようになる。
- 「〜は〜より〜です」や「〜は〜ですが、（〜は）〜です」などの比較・対比の表現を使って自分が求める住環境について説明できるようになる。

レベル２の学習者
- 「いつでも買い物ができます」や「朝早く起きなくてもいいです」のように、可能形や「〜なくてもいいです」を使って自分が求める住環境について説明できるようになる。また、その前提として動詞を可能形やナイ形に変換できるようになる。
- その施設をマンションの近くに配置した理由について、「子供がいますから、学校から近い方がいいです」のように、デス・マス形に「〜から」を付けて説明できるようになる。

レベル３の学習者
- 「駅から近ければ、朝早く起きなくてもいいです」や「近くにコンビニがあれば、いつで

も買い物ができます」のように、「〜ば」を使って、自分が求める住環境について説明できるようになる。また、その前提として動詞を条件形に変換できるようになる。
- あなたの「どんなところに住みたいですか」という質問に「駅から近いところに住みたいです」や「家賃が安いところがいいです」のように、連体修飾節を使って答えられるようになる。

レベル４以上の学習者：130ページの「プリントで扱う文型・文法」を参照

活動の手順

1. 学習者を２〜３人の小さなグループに分け、みんなでいっしょに考えさせましょう。学習者が１人静かに考えることを好む場合は、まずは１人１人別々に考えさせ、その後でそれぞれが作った町のデザインを見せ合い、家賃が予算内に収まっているかどうか学習者同士でチェックさせましょう。

2. 考えがまとまったら、それを日本語で報告させます。その際、町のデザインだけでなく、以下の対話例のように、どうしてそのようなデザインにしたのか理由も聞きましょう。

    レベル１の学習者の場合
    S：これは駅です。
    T：マンションのとなりですね。近いですね。**どうしてマンションのとなりですか。**
    S：便利です。
    T：**何が？**
    S：朝遅い、起きます。大丈夫です。
    T：ああ、なるほど。で、これは？（スーパーを指さして）
    S：これはスーパーです。
    T：スーパーも近いですね。**どうしてですか。**
    S：買い物、便利です。

3. 学習者が話した内容をホワイトボードに板書し、ポイントを整理しましょう。その際学習者が書き写しやすいよう、できるだけ簡潔に書くようにしてください。

3 プリント学習

ここではレベルチェックと活動で断片的に学んできた語彙を整理し、かつレベルチェックで回避した文型・文法の学習をします。

1. 文法学習プリントを配付してください。

2. 学習者が答えを書き終わったら、間違いがないかチェックしてあげてください。その際、学習者に必ず自分が書いた答えを音読させましょう。

プリントで扱う文型・文法

- レベル❶
  - 「〜に〜があります」【住環境の説明】
  - 「〜は〜より〜です」【希望・条件】
  - 「〜は〜ですが、〜です」【希望・条件】
- レベル❷
  - 可能形、ナイ形の作り方
  - 「〜(ら)れます」(可能形)【理由】
  - 「〜なくてもいいです」【希望・条件】
  - 「〜から、〜ほうがいいです」【理由】(デス・マス形による接続)
- レベル❸
  - 条件形の作り方
  - 「〜ば／〜なら、〜」【理由】
  - 連体修飾節【希望・条件】
    ⇨「駅から近いところ」「ベランダがある部屋」など
- レベル❹
  - 「〜ば／〜なら、〜(ら)れます／〜なくてもいいです」【理由】
  - 「〜ば／〜なら、〜(V以外)てもいいです／〜(V以外)なくてもいいです」【希望・条件】
  - 連体修飾節【希望・条件】
    ⇨「日当たりがよくて、静かなところ」(従属節内で文接続)

4　確認と練習

　プリントで学習した文型・文法を使って、学習者が作った町のデザインについてもう一度話させましょう。2度目の練習ですから、1度目とは異なり、今度は内容と表現の両方に焦点を当てて話させるようにしてください。

5　リスニング

> **学習者への指示文（訳）**
> 女の人が不動産屋でマンションを探しています。不動産屋が紹介した2つのマンションの物件情報と彼女の希望を聞き取りなさい。

1. まずは部屋の家賃や間取り、求める条件などについて聞き取らせましょう。会話はナチュラル・スピードですし、レベル1の学生には理解できない語彙・表現も含まれているので、最初は面食らうかもしれませんが、この程度の情報だけならどうにか拾えるはずです。CDは何度聞いても構いません。

2. 学習者が解答を終えたら、答えを確認しましょう。レベル１の学習者はこれで終わりです。それ以外の学習者には以下の質問例を参考にもう少し細かな内容まで聞き取らせるようにしましょう。

質問の例
1. この人はどんな部屋に住みたいですか。
2. どうして駅から近い部屋がいいですか。
3. 近くにコンビニがなければなりませんか。
4. その他、内容理解を確認する質問

話題と活動の広げ方

○住宅情報誌の物件情報や新築マンションの新聞広告を比較し、どの物件のどこがよくてどこがだめなのか、みんなで話してみるのはどうでしょうか。

○今自分が住んでいる町の環境や部屋の特徴（最寄り駅からの距離や日当たりなど）について紹介し、どこが気に入っているのか（どこが不満なのか）を話してみるのはどうでしょうか。また、今住んでいる都市以外で住んでみたいのはどこか、またそれはなぜかについて話してみるのはどうでしょうか。

UNIT 14　Home environment　生活环境

どんなところに住みたい？
Where do you want to live?
想住在什么样的地方？

Check your level　水平测试

What things are close to apartment buildings A-D? If it were up to you, which apartment building would you like to live in?
地图上所标 A～D 的公寓附近都有些什么？如果是你，想住在哪栋公寓？

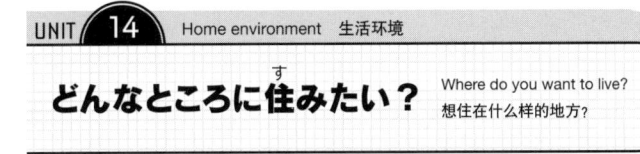

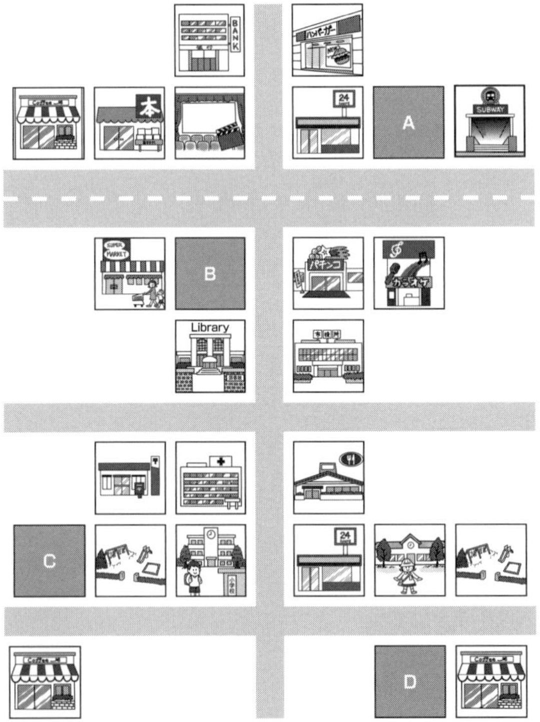

● 学習者用シート　サンプル

Activity　活动

You are considering moving. Cut out the illustrations on the next page, and place them on the vacant squares on the sheet.
1. First, choose the apartment you want, from the available units in the apartment buildings below, giving thought to factors such as floor plan, views and sunlight (a basic price is set for each unit).
2. After deciding on the apartment, take the cut-out building and place it in its setting.
Note 1. Building type and location will vary depending on rent. When you place an item (building or amenity) with a **white** star in Zone I, add 5,000 yen to the rent, but deduct 5,000 yen if you place it in Zone III. When you place an item with a **black** star in Zone 1, deduct 5,000 yen from the rent. Nothing else changes. Some items do not have stars.
Note 2. Make sure you stay below ¥100,000 in rent.

你正在考虑搬家。剪下下一页的插图，将其按照下面的顺序，配置在空地用纸上。
①首先，从下面公寓的空房中，根据房间的格局、眺望、朝向等条件，选出你所中意的房间。（各个房间都标有基本价格）
②选定房间之后，把剪下来的建筑配置在公寓的周围。
注1：把哪个建筑配置在哪个地方，房租价格会根据建筑的配置位置而变动。把带有☆记号的建筑配置在 ZONE I 的位置上的话，加 5,000 日元。配置在 ZONE III 的位置上的话，减 5,000 日元。把带有★记号的建筑配置在 ZONE I 的位置上的话，减 5,000 日元。其他不变。也有不带记号的建筑。
注2：配置这些建筑时，注意不要让房租超过 10 万日元。

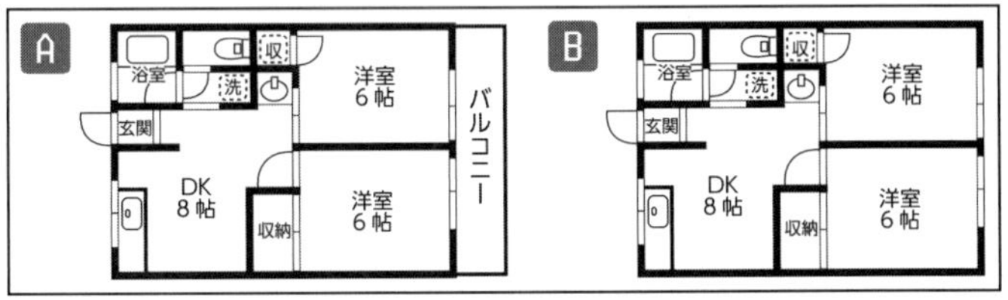

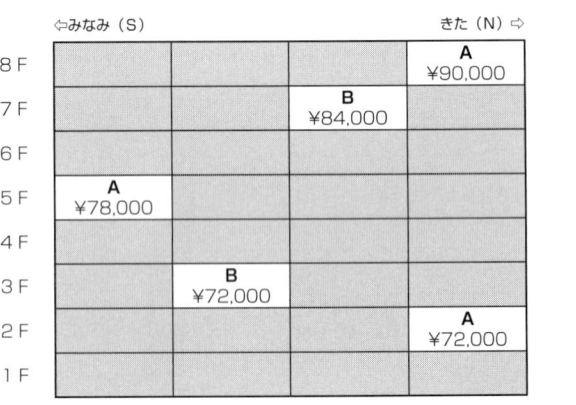

Listening 収听

A woman is looking for an apartment at an estate agency. Listen for basic information about the two apartments the estate agent has found for her, and what she wants.
一位女士在不动产公司找出租公寓。听一下不动产公司所介绍的2 个公寓的物件信息和地所希望的条件是什么。
CD-38

きぼう
ひろさ： ワンルーム ／ 1DK ／ 2LDK
やちん： ＿＿＿＿＿ 円ぐらい

さくらマンション
えきから ＿＿＿＿＿ 分
やちん： ＿＿＿＿＿ 円
ちく＿０＿ 年 ＿＿＿＿＿ かい

すみれマンション
えきから ＿＿＿＿＿ 分
やちん： ＿＿＿＿＿ 円
ちく＿＿＿＿ 年 ＿＿＿＿＿ かい

じょうけん ○= very important 重要　△= not very important 不太重要
1 ( ) あたらしいです　　2 ( ) ちゅうしゃじょうがあります
3 ( ) ひあたりがいいです　4 ( ) みはらしがいいです

かんきょう (ちかくになにかありますか？) ○=あります　×=ありません
1 ( ) こうえん　　2 ( ) きっさてん
3 ( ) スーパー　　4 ( ) コンビニ
5 ( ) ぎんこう　　6 ( ) しょうがっこう
7 ( ) レストラン　8 ( ) ゆうびんきょく
9 ( ) びょういん

UNIT 14 どんなところに住みたい？ 133

UNIT 15 コーディネート

違いを見つけろ！

▶ はじめに

　これは、2枚のイラストを見比べ、どこがどう違っているかを見つける活動です。この活動のポイントは、よく見ないと気づかない小さな間違いが散りばめられていることです。物の有無や位置、数、デザイン、大きさなどによく注意して見比べてください。そして、間違いを見つけたら、どこをどう直せばいいか説明してもらいましょう。

▶ 学習目標

- 物の有無や位置、数、見た目の違いなどを説明するのに必要な語彙を覚える。【語彙】
- その人なりの言い方でどこがどう違っているのかを説明できるようになる。【産出①】
- その人なりの言い方で間違っている箇所の修正を指示できるようになる。【産出②】
- イラストを見ながら説明を聞き、どこがどう違うかを指摘できるようになる。【理解】

1 レベルチェック

> **学習者への指示文（訳）**
> ここは、今週の金曜日にあなたがオープンさせるレストランです。あなたが発注したものはAですが、できあがったものはBで、どこか違うようです。どこがどう違うか指摘し、業者に直しを指示しましょう。

　まずは語彙力の確認とレベルチェックです。学習者が2枚のイラストを見比べ、どこがどう違っているかを説明するので、まずはそれを聞きましょう。その時、何をどう話すかで学習者のレベルが判定できます。答えは以下の通りです。

イラスト（店の外装）
　①国旗の**有無**
　②店名の文字の**大きさ**
　③ランチメニューの看板の**位置**（左右逆）
　④花壇に植えてある**花の色と数**（Aは白い花が3つだが、Bは白い花が2つ）
　⑤カーテンの**柄**

⑥入り口にある照明が消え**ている**
⑦カーテンが閉まっ**ている**

ステップ1 まず、「〜があります」という文型を使って、「Aは旗があります。でもBはありません」「Aはメニューが左にあります。でも、Bは右にあります」[注1]のように物の有無や数、位置の違いについて説明できるか確認しましょう。また、「〜は〜が〜です」という文型を使って「Aは店の名前が大きいです。でも、Bは小さいです」のように、サイズやデザインの違いについて説明できるか確認しましょう。どちらも難なくできたら**レベル2**の学習者と判断してよいでしょう。できなければ、レベル1の学習者です。

注1 通常、初級の教科書では「〜は〜にあります」「〜に〜があります」という文型で教えていますが、ここでは「（Aは）〜が（場所＋に）あります」「（Aは）〜が（個数）あります」という形で練習させています。

ステップ2 ステップ1をクリアした学習者には、例えば「Aは旗があります。でも、Bはありません。2つの文を1つにしてください」と言い、（ステップ1で説明した内容を）「〜が、〜」を使って1文にできるか確認しましょう。また、窓や床、壁の状態について「カーテンが閉まっています」「入り口の電気が消えています」のように「〜ている」（状態）を使って説明できるか確認しましょう。難なくできたら一応**レベル3**の学習者と判断してよいでしょう。できなければ、レベル2の学習者です。

ステップ3 ステップ2をクリアした学習者には、例えば「花壇に赤い花が何本ありますか。数えてください。2つの文を1つにしてください」と言い、埋め込み疑問文（＝「花壇に赤い花が何本あるか数えてください」）が作れるか確認しましょう。また、「電気がついていますか。ついていませんか。チェックしてください。3つの文を1つにしてください」と言い、「〜かどうか」を使った埋め込み疑問文（＝「電気がついているかどうかチェックしてください」）が作れるかも確認しましょう。[注2]どちらも難なくできたら一応**レベル4以上**の学習者と判断してよいでしょう。できなければ、レベル3の学習者です。

注2 日常生活では「〜かどうか」を使わず、「電気がついているかチェックしてください」と言うことも多いですが、ここでは文法の練習ということで、教科書どおり「〜かどうか」を使わせます。

2 活動

> **学習者への指示文(訳)**
> いよいよ開店日です。開店の準備は他のスタッフがほぼ完了させました。これからオーナー(あなた)による最後のチェックです。計画どおりに店内がレイアウトされているかチェックしてください。そして、間違っているところはスタッフに指示して修正させてください。

　語彙力の確認とレベルチェックが終わったら、いよいよ活動です。細かなところまでよく見て、間違いを発見しましょう。解答は以下の通りです。

イラストA(店内装飾)
　①ゴミ箱に捨てられたゴミの**有無**　⇨　ゴミを捨ててください。
　②メニューの**有無**(メニューのないテーブルがある)
　　　⇨　メニューを持ってきてください
　③カーテンの**柄**　⇨　カーテンを変えてください
　④壁にかけられたボードの「今日のランチ」の内容が違っている
　　　⇨　書き直してください
　⑤床に**落ちている**スプーンの**有無**　⇨　スプーンを拾ってください。

イラストB(テーブルの上)
　⑥ナイフとフォークの**位置**(左右逆)　⇨　反対にしてください
　⑦テーブルの上に置かれた花瓶の花の葉の**数**
　⑧グラスが割れ**ている**　⇨　グラスを変えてください

各レベルの到達目標

レベル1の学習者
- 「~が違います」という文型を使って2枚のイラストの相違点を説明できるようになる。
- 「Aは~が(形)です。でも、Bは~」という文型を使ってサイズや色、デザインの違いを説明できるようになる。
- 「Aは~が(~に)あります。でも、Bは~」や「Aは~が(ひとつ)あります。でも、Bは~」という文型を使って物の有無や数の違いについて説明できるようになる。

レベル2の学習者
- 「~ですが、~」「~ますが、~」を使って文を接続し、2枚のイラストの相違点を説明できるようになる。
- 「スプーンが落ちています」のように、状態を表す「~ている」を使って2枚のイラスト

の相違点を説明できるようになる。
- ●「〜てください」を使って間違いの修正を指示できるようになる。また、その前提として動詞を「テ形」に変換できるようになる。

レベル３の学習者
- ●「テーブルの上に花が何本あるか数えてください」や「メニューがあるかどうかチェックしてください」のような埋め込み疑問文を使って、間違いがないかどうか確認の指示ができるようになる。
- ●「ナイフとフォークを反対にしてください」のように、名詞やイ形容詞、ナ形容詞に「する」をつけて、修正を指示できるようになる。

レベル４以上の学習者：138ページの「プリントで扱う文型・文法」を参照

活動の手順

1. 学習者を２〜３人の小さなグループに分け、みんなでいっしょに考えさせましょう。学習者が１人静かに考えることを好む場合は、まずは１人１人別々に考えさせ、その後、学習者同士で答え合わせをさせましょう。学習者が行き詰まってしまった時は、以下の対話例のようにヒントを出してあげてください（くれぐれもすぐに答えがわかってしまうようなヒントは出さないように）。

    レベル１の学習者の場合
    Ｔ：どうですか。答え、全部わかりましたか。
    Ｓ：３つわかりません。
    Ｔ：じゃあ、ヒント。形です。

▶学習者が日本語を話さず１人考え込んでしまうかもしれませんが、それでも構いません。

2. 答えが全てわかったら、それを日本語で報告させます。その際、学習者が話した内容をホワイトボードに板書し、ポイントを整理しましょう（学習者が書き写しやすいよう、できるだけ簡潔に書くようにしてください）。

3. 報告が終わったら、ロールプレイです。あなたが従業員役をし、学習者に確認と修正の指示を出させましょう。

4. ロールプレイをしている時、学習者があなたに質問してきた未知の語彙や知っていると便利だと思った表現をホワイトボードに板書しましょう（学習者が書き写しやすいよう、

できるだけ簡潔に書くようにしてください)。

③ プリント学習

　ここではレベルチェックと活動で断片的に学んできた語彙を整理し、かつレベルチェックで回避した文型・文法の学習をします。

1. 文法学習プリントを配付してください。

2. 学習者が答えを書き終わったら、間違いがないかチェックしてあげてください。その際、学習者に必ず自分が書いた答えを音読させましょう。

プリントで扱う文型・文法
- レベル❶　・「〜が違います」【間違いの指摘】
　　　　　・「Aは〜が(形)です。でも、Bは〜」【間違いの指摘】
　　　　　・「Aは〜が(数・位置)あります。でも、Bは〜」【間違いの指摘】
　　　　　　⇨「Aはメニューが右にあります。でも、Bは〜」
　　　　　　　「Aは花が6本あります。でも、Bは〜」
- レベル❷　・テ形の作り方
　　　　　・「Aは〜が、Bは〜」(デス・マス形による接続)【間違いの指摘】
　　　　　・「〜てください」【修正の指示】
　　　　　・「〜ています」(状態)【間違いの指摘】
- レベル❸　・埋め込み疑問文【確認の指示】
　　　　　　⇨「コップがあるかどうかチェックしてください」
　　　　　　　「いくつあるか数えてください」
　　　　　・「〜(イ形)くしてください」「〜(ナ形・名)にしてください」【修正の指示】
- レベル❹　・他動詞と自動詞
　　　　　・「もう〜(他V)てありますか／(自V)ていますか」【確認の指示】
　　　　　・「(〜る)までに〜ておいてください」【修正の指示】

④ 確認と練習

　プリントで学習した文型・文法を使って、学習者が見つけた間違いについてもう一度話させ、再度ロールプレイをさせましょう。2度目の練習ですから、1度目とは異なり、今度は内容と表現の両方に焦点を当てて話させるようにしてください。

5 リスニング

> **学習者への指示文（訳）**
> お店は初日から大繁盛。今日は夕方から結婚式の2次会の予約が入っています。オーナー（女性）と店員の会話を聞いて、違っているところを見つけましょう。

1. まずは2人の説明を聞き、間違いを探させましょう。会話はナチュラル・スピードですし、レベル1の学生には理解できない語彙・表現も含まれているので、最初は面食らうかもしれませんが、キーワードさえ聞き取れれば解答できるはずです。CDは何度聞いても構いません。

2. 学習者が解答を終えたら、答えを確認しましょう。レベル1の学習者はこれで終わりです。それ以外の学習者には以下の質問例を参考にもう少し細かな内容まで聞き取らせるようにしましょう。

質問の例
　1. 何が違っていたか、説明してください。
　2. 女の人はフォークとナイフを確認する時、何と言いましたか。
　3. 飲み物はどうしますか。
　4. その他、内容理解を確認する質問

話題と活動の広げ方

○ 新聞や雑誌に掲載されている「間違い探し」のパズルをし、どこがどう違っていたかをそれぞれ説明してみるのはどうでしょうか。

○ 以下のようなペアワークをしてみるのはどうでしょうか。

　例．無地の紙を自分の部屋に見立て、そこに「テーブル」や「本棚」など、数個の家具の絵を描く。そして、自分が描いた絵の家具の配置を説明し、相手はそれを聞いて絵を描く。その後、お互いの描いた絵を見せ合い、同じ配置になっているかを確認する。

● 学習者用シート　サンプル

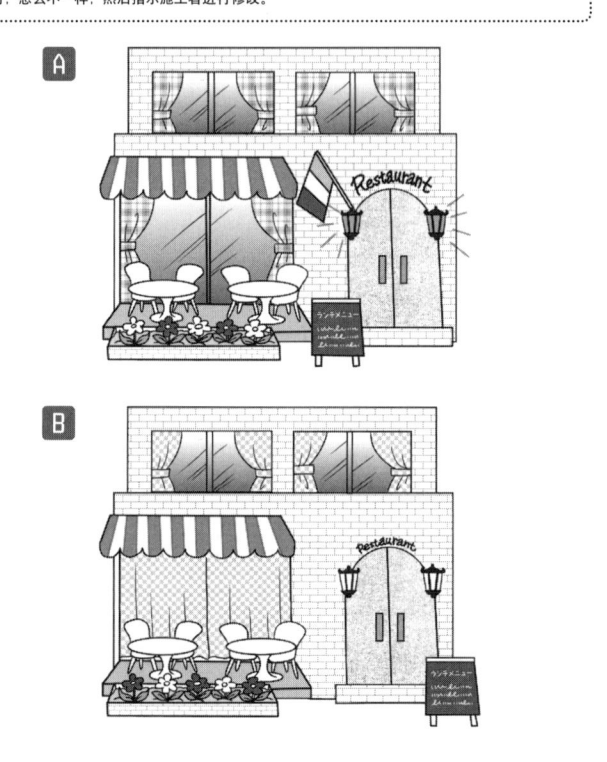

Activity 活动

Opening day finally arrives. Preparations by other staff are almost complete. Now the owner (you) does the last check. Make sure the interior layout meets specifications. If something is wrong, instruct the staff to get due changes made.

终于到了开张的日子，开张的准备其他人员已经基本完成。现在由老板（你）来做最后的验收。请你检查一下店内是否按计划装饰布置好了。如果有不对的地方，请你指示工作人员修改。

あなたの計画　A1

B1

UNIT 15

Design coordination　搭配

違いを見つけろ!

Spotting the difference

找出不同!

Check your level 水平测试

This is a restaurant to be opened by you on Friday of this week. What you ordered was Option A, but what has been built is Option B, which seems a bit different. Indicate where the differences are, and instruct the developer to make changes.

这是你这星期五要开张的餐厅。你订购的是A，但是做好的却是B，好像有些不一样。请你指出是哪儿不对，然后指示施工者进行修改。

A

B

140

Listening 收听

The restaurant does well from day one. You have received an evening reservation from a couple for a post-wedding party. Listen to the conversation between the owner (woman) and the staff, and try to identify problems.

从开店第一天起，生意一直很兴隆。今天，有客人预定了从傍晚开始的婚礼二次会。听老板（女）和店员的对话，找出与对话不一致的地方。

CD-39

できあがった店内　A2

B2

UNIT 15　違いを見つけろ！　141

UNIT 16 レジャー

アウトドアを楽しもう！

▶ はじめに

　これは物の値段を予想し、決められた予算内で必要な物を必要な数だけ買う活動です。最近のテレビでも、設定された金額に一番遠かった人が他のメンバー全員の食事代を払うというグルメ・バトルの番組がありますが、この活動でも、バーベキューに必要な食材や飲み物の値段を予想し、予算内にうまく収まるよう工夫します。「正解」となる値段はあなた自身や学習者がいつも買い物をしているお店や新聞のチラシに入っているお店の値段とします。あなたが買い物をしている店と学習者が買い物している店のどちらが安いか比較になっておもしろいかもしれません。

▶ 学習目標

● 物の個数や分量を表す語彙を覚える。【語彙】
● その人なりの言い方で自分が立てた計画について説明できるようになる。【産出①】
● その人なりの言い方で翌日の天気などの予想を話せるようになる。【産出②】
● 聞き取った助数詞から何をどれだけ買ったのか理解できるようになる。【理解】

1 レベルチェック

学習者への指示文（訳）
あなたは週末、家族でピクニックに行くことにしました。以下はあなたが考えているピクニックの計画です。先生が質問用紙を渡すので、絵を見て質問に答えてください。

　まずは語彙力の確認とレベルチェックです。質問用紙を学習者に渡してください。学習者がそこに書かれている質問に答えるので、まずはそれを聞きましょう。その時、何をどう話すかで学習者のレベルが判定できます。

学習者への質問（訳）
　1. 何をいくつ（あるいはどのくらいの量）持っていきますか。（イラスト中の①〜④について答えなさい）
　2. ピクニックには何で行くつもりですか。

3. 週末の天気はどう<u>でしょうか</u>。
4. 雨が降る<u>と</u>思いますか。
5. 目的地に着いたら、何を<u>しようと思っていますか</u>。

ステップ1 質問1で持っていく物とその個数について話す時、「〜本」や「〜枚」などの基本的な助数詞を使えていたら、一応**レベル2**の学習者と判断してよいでしょう。使えなければ、<u>レベル1またはレベル0</u>の学習者です。

ステップ2 ステップ1をクリアした学習者には、質問2と3についても聞いてみましょう。その時、「車で行くつもりです」や「たぶんいい天気でしょう」のように、「〜つもりです」や「〜でしょう」を使った発話ができたら**レベル3**の学習者と判断してよいでしょう。できなければ、<u>レベル2</u>の学習者です。

ステップ3 ステップ2をクリアした学習者には、質問4と5についても聞いてみましょう。その時、「雨は降らないと思います」や「川で遊ぼうと思っています」のように、「〜と思います」や「〜ようと思っています」を使った発話ができたら**レベル4以上**の学習者と判断してよいでしょう。できなければ、<u>レベル3</u>の学習者です。

2 活動

> **学習者への指示文（訳）**
> あなたは週末、友人とその子供たちといっしょに1泊2日のオートキャンプに行きます。3食分の食材はあなたが近くのスーパーで買い、後で清算するのですが、参加できるかどうか当日までわからない人もいます。予算は大人2,000円、中学生1,000円、小学生500円です。赤字を出さず、食べ物や飲み物が極端に不足しないよう、何をどれだけ買うか考えましょう。また、自由時間に何をするかも考えましょう。

語彙力の確認とレベルチェックが終わったら、いよいよ活動です。この活動には「正解」と呼べるものはありません。決められた予算の範囲内で、様々な可能性を考え、買い物リストを作ってみましょう。

各レベルの到達目標

レベル1の学習者
- 「〜本」や「〜袋」などの基本的な助数詞を使って、物の個数を表現できるようになる。
- 「リットル」や「グラム」などの単位を表す語彙を使って、物の分量を表現できるようになる。
- 「遊ぶ」「撮る」「食べる」などの活動を表す動詞を覚え、自由時間に何をするか話せるよ

うになる。
- 「たぶん」を使って自分の予想を話せるようになる。

レベル２の学習者
- 「牛肉を500グラム買うつもりです」のように、「〜つもりです」を使って自分が立てた計画を説明できるようになる。また、その前提として動詞を辞書形に変換できるようになる。
- 「カルロスさんは来ないでしょう」や「雨が降るかもしれません」のように、「〜でしょう」や「〜かもしれません」を使って自分の予想を話せるようになる。また、その前提として動詞を辞書形やナイ形に変換できるようになる。

レベル３の学習者
- 「フランクさんは来ると思います」のように、「〜と思います」を使って自分の予想を話せるようになる。また、その前提としてデス・マス形を普通形に変換できるようになる。
- 「お腹いっぱい食べようと思っています」のように、「〜（よ）うと思っています」を使って自分が立てた計画を説明できるようになる。また、その前提として動詞を意向形に変換できるようになる。

レベル４以上の学習者：146ページの「プリントで扱う文型・文法」を参照

活動の手順

1. 学習者を２〜３人の小さなグループに分け、みんなでいっしょに考えさせましょう。学習者が１人静かに考えることを好む場合は、まずは１人１人別々に考えさせ、その後で意見交換させるようにしましょう。個人レッスンの場合には、以下の対話例のように、学習者が気づいていない点を時折指摘するなどして、上手にリードしてあげてください。

▶事前に近所のスーパーのチラシを入手しておきましょう。

　レベル１の学習者の場合
　T：何人来ますかねえ？
　S：たぶん７人です。
　T：誰と誰ですか。
　S：大人はフランクさんとカリナさん。カルロスさんはたぶん来ません。
　T：じゃあ、大人が？
　S：私もいっしょ（＝「私を入れて」の意味）、全部で３人です。［カルロスさんは来ないと判断］

```
T：子供は？
S：4人です。
T：お金（＝予算）はいくらですか。
S：大人は6,000円、子供は4,000円です。だから、…。10,000円です。
T：**でも、小学生が2人いますよ。**
S：あ、そうですね。じゃあ、…。9,000円です。
T：肉はどのくらい買いましょうか。
S：牛肉300g。
T：**大丈夫ですか。足りますか。**
S：う～ん。
```

2. 考えがまとまったら、それを日本語で報告させます。その際、結論だけでなく、どうしてそういう計算になったのか理由も聞きましょう。

3. 学習者が話した内容をホワイトボードに板書し、ポイントを整理しましょう（その際、学習者が書き写しやすいよう、できるだけ簡潔に書くようにしてください）。

3 プリント学習

　ここではレベルチェックと活動で断片的に学んできた語彙を整理し、かつレベルチェックで回避した文型・文法の学習をします。

1. 文法学習プリントを配付してください。

2. 学習者が答えを書き終わったら、間違いがないかチェックしてあげてください。その際、学習者に必ず自分が書いた答えを音読させましょう。

プリントで扱う文型・文法

- レベル❶
  - 個数や分量を表す単位（「～個」「～リットル」「～グラム」など）
  - 動詞文【計画の説明】
    ⇨「遊ぶ」「撮る」「食べる」など
  - 「～は たぶん～です」「～は たぶん～ます」【自分の予想】
- レベル❷
  - 辞書形、ナイ形の作り方
  - 「～でしょう」【自分の予想】
  - 「～かもしれません」【自分の予想】
  - 「～つもりです」【計画の説明】
- レベル❸
  - 普通形、意志形の作り方

- 「～と思います」【自分の予想】
- 「～（よ）うと思っています」【計画の説明】

レベル4
- 意志表現の使い分け、推量表現の使い分け
- 「～たら／～ても、～つもりです」【計画の説明】
- 「～ていきます」「～てきます」【計画の説明】

4 確認と練習

　プリントで学習した文型・文法を使って、ホワイトボードに板書した学習者の考えをもう一度話させましょう。2度目の練習ですから、1度目とは異なり、今度は内容と表現の両方に焦点を当てて話させるようにしてください。

5 リスニング

学習者への指示文（訳）
1. 妻が夫に買い物を頼んでいます。何をどれだけ買いますか。空欄に数量を書き入れなさい。
2. 天気予報を聞き、以下を完成させなさい。

1. まず、課題1で何をいくつ買うかを聞き取らせましょう。会話はナチュラル・スピードで、レベル1の学生には理解できない語彙・表現も含まれていますし、妻は何を買うか明示せず「あれ」で指示しているので、最初は面食らうかもしれませんが、助数詞さえ聞き取れれば解答できるはずです。CDは何度聞いても構いません。

2. 課題2は天気予報を聞く練習です。課題1以上に難しい語彙がたくさん使われていますが、天気を表す語彙、降水確率、気温などの数値さえ聞き取れれば解答できるはずです。CDは何度聞いても構いません。

3. 学習者が解答を終えたら、答えを確認しましょう。レベル1の学習者はこれで終わりです。それ以外の学習者にはそれぞれの食品や物を数える時、どんな数え方をするか（どんな助数詞を使うか）質問したり、「ところにより」や「上旬」などの語彙の意味について質問したりしましょう。

話題と活動の広げ方

○身近にある様々な物について、それを数える時、どんな助数詞を使うのかをみんなで調べてみるのはどうでしょうか。また、「匹」と「頭」のように同じカテゴリーの物(この場合は「生物」)を数える助数詞が複数ある場合、使い分けの境界がどこにあるかを、母語話者へのインタビューを通して調べてみるのはどうでしょうか。

○あなたが作った買い物リストの内容を口頭で説明し、それを買ってきてもらうというロールプレイをしてみるのはどうでしょうか。

● 学習者用シート　サンプル

UNIT 16　Leisure　余暇

アウトドアを楽しもう

Enjoying the outdoors
来享受户外活动的乐趣吧!

Check your level　水平測試

You have decided to go picnicking with your family at the weekend. Your teacher will hand you a questionnaire; fill it in while referring to the pictures.
你决定周末全家一起去郊游。下面是你构思的郊游计划。看图回答老师所发问卷上的问题。

週末の天気 
40%

あなた→

①　②　③　④

Activity　活動

This weekend, you are going on a two-day "auto-camping" trip (tour with caravan or motorhome) with some friends and their children. At a nearby supermarket, you are to buy food for three meals and settle up later. But you find that there is somebody who may not attend—he/she will only know on the day itself. The budget is ¥2,000 for adults, ¥1,000 for junior high-school students and ¥500 for elementary-school students. Think about what you need to buy to ensure that you do not run out of food and drink, while staying within the budget if it all possible. Also, what will you do in your free time?

周末, 你要与朋友和他们的孩子一起去自驾游。时间是两天一晚上。到了当地先去附近的超市购买准备3顿饭要用的食材, 然后再结算。也有人要到当天才知道能不能参加。预算是大人每人2000日元, 中学生每人1000日元, 小学生每人500日元。计算一下要买多少、才能够既不会太多又不会赤字, 食物和饮料又不会太不够。另外, 再想一下自由时间做些什么好。

あなた　フランクさん　カリナさん　カルロスさん
⊙1人　◎1人　○0人　△0人
⊠1人　⊠1人　⊠0人　⊠2人

◎=100%, ○=80%, △=50%
⊙…中学生
⊠…小学生

どようび
降水確率
午前　20%
午後　30%

にちようび
降水確率
午前　50%
午後　80%

スケジュール

<どようび>
11:00　チェックイン
12:00　ひるごはん
14:00　じゆうじかん (1)
17:00　ばんごはん
19:00　じゆうじかん (2)

<にちようび>
7:00　あさごはん
9:00　かたづけ
10:00　チェックアウト

148

Listening 收听

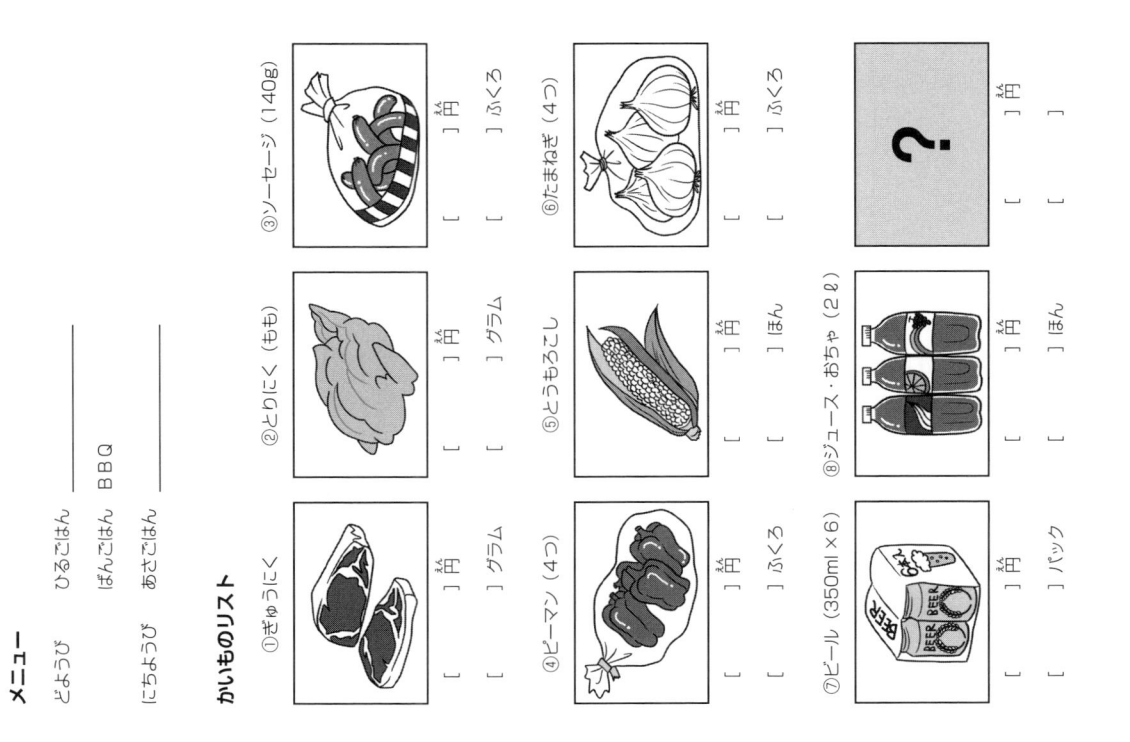

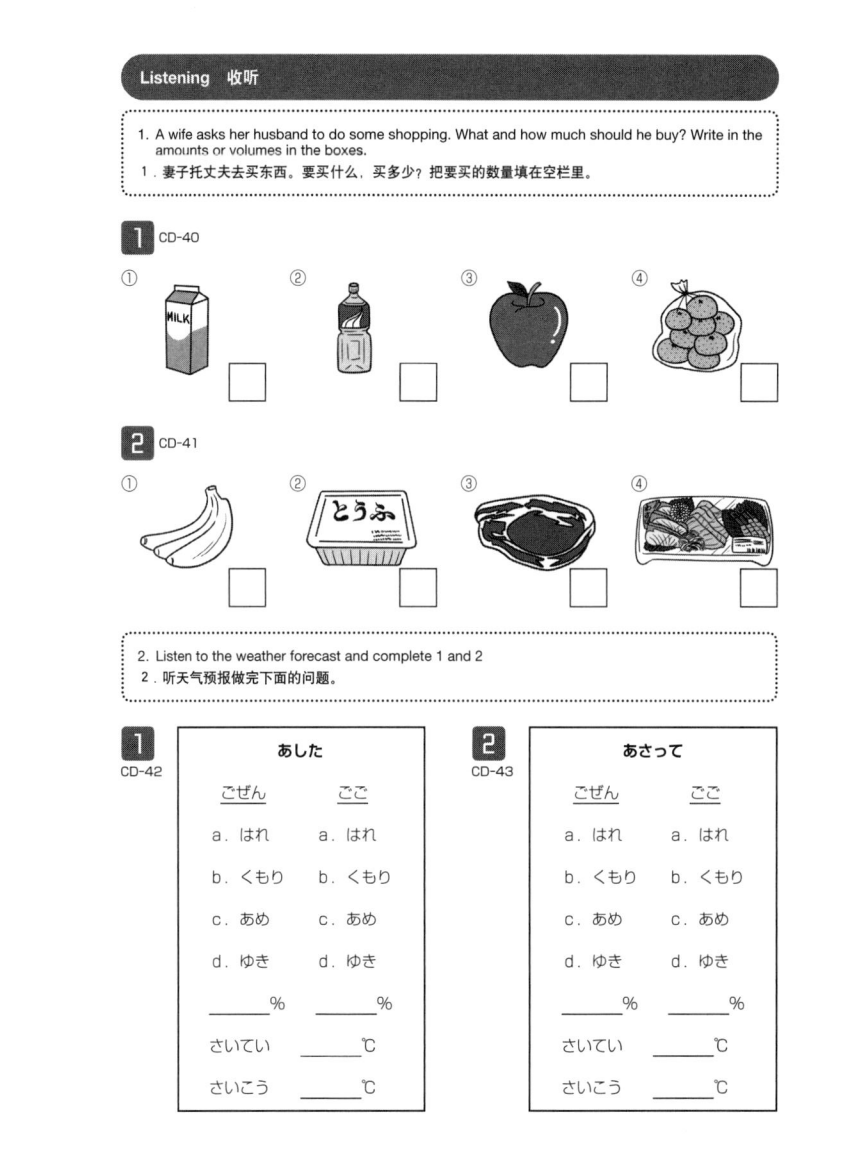

1. A wife asks her husband to do some shopping. What and how much should he buy? Write in the amounts or volumes in the boxes.
1. 妻子托丈夫去买东西。要买什么，买多少？把要买的数量填在空栏里。

1 CD-40
① ② ③ ④

2 CD-41
① ② ③ ④

2. Listen to the weather forecast and complete 1 and 2
2. 听天气预报做下面的问题。

1 CD-42

あした		あした	
ごぜん		ごご	
a. はれ		a. はれ	
b. くもり		b. くもり	
c. あめ		c. あめ	
d. ゆき		d. ゆき	
＿＿％		＿＿℃	
さいてい		さいこう	

2 CD-43

あさって		あさって	
ごぜん		ごご	
a. はれ		a. はれ	
b. くもり		b. くもり	
c. あめ		c. あめ	
d. ゆき		d. ゆき	
＿＿％		＿＿℃	
さいてい		さいこう	

メニュー

どようび　ひるごはん　＿＿＿＿＿
　　　　　ばんごはん　ＢＢＱ
にちようび　あさごはん　＿＿＿＿＿

かいものリスト

①ぎゅうにく
[ ]円
[ ]グラム

②とりにく（もも）
[ ]円
[ ]グラム

③ソーセージ（140g）
[ ]円
[ ]ふくろ

④ピーマン（4つ）
[ ]円
[ ]ふくろ

⑤とうもろこし
[ ]円
[ ]ほん

⑥たまねぎ（4つ）
[ ]円
[ ]ふくろ

⑦ビール（350ml × 6）
[ ]円
[ ]パック

⑧ジュース・おちゃ（2ℓ）
[ ]円
[ ]ほん

？
[ ]円
[ ]はこ

UNIT **16** アウトドアを楽しもう！　149

UNIT **17** 価格

どちらがお得？

▶はじめに

　これは、異なるサービスをしている2つの量販店がある時、同じ商品を買うなら、どちらで買うほうが得かを考える活動です。例えば、テレビと冷蔵庫を買い替え、新たにエアコンを1台買うことにしたとします。量販店Cは全商品10%引き。一方、量販店Dは最初に買う商品は値引きなしですが、その値段の15%分がポイントとして蓄積され、次に買う商品の値引きに使えます。購入する商品の値段がどちらも同じだとしたら、どちらの店で買った方が得でしょうか。値段が違う場合は？ テレビは量販店C、冷蔵庫とエアコンは量販店Dのように別々の店で購入する場合は？ どのような買い方が一番得か学習者といっしょに考えてみましょう。

▶学習目標

● 洗剤やトイレットペーパーなどの日用品や、テレビや冷蔵庫などの家電製品の名前を覚える。

【語彙】

● その人なりの言い方でどちらがどのくらい得か説明できるようになる。【産出①】

● その人なりの言い方で場合分けをし、よりよい選択はどちらかを説明できるようになる。

【産出②】

● 会話を聞き、どの商品を選んだか聞き取れるようになる。【理解】

1 レベルチェック

学習者への指示文（訳）
これは駅前に新しくできた2つの量販店のチラシです。先生が質問用紙を渡すので、その質問に答えてください。

　まずは語彙力の確認とレベルチェックです。質問用紙を学習者に渡してください。学習者がそこに書かれている質問に答えるので、まずはそれを聞きましょう。その時、何をどう話すかで学習者のレベルが判定できます。

学習者への質問（訳）
1. ミネラルウォーターを6本買います。AストアとBストアとどちらが安いですか。
2. 洗濯洗剤が買いたいです。どちらに行ったほうがいいですか。
3. Aストアでシャンプーとボディーソープを買うと、いくらですか。
4. Aストアでは歯ブラシを2本買うと、いくらになりますか。
5. トイレットペーパーを12ロール買うなら、AストアとBストアとどちらが安いですか。

| ステップ 1 | まず、質問1を日本語に翻訳してもらいましょう。「（〜は）〜と〜とどちらが〜ですか」を使って訳せたら、質問の答えを聞きます。「BストアよりAストアのほうが安いです」と答えられれば、一応**レベル2**の学習者と判断してよいでしょう。答えられなければ、レベル1の学習者です（レベル1の学習者には、質問2以降は答えだけ言わせ、質問を翻訳させる必要はありません）。|

| ステップ 2 | ステップ1をクリアした学習者には、質問2を日本語に翻訳してもらいましょう。「〜たほうがいいです」を使って訳せたら、一応**レベル3**の学習者と判断してよいでしょう。答えられなければ、レベル2の学習者です（レベル2の学習者には、質問3以降は答えだけ言わせ、質問を翻訳させる必要はありません）。|

| ステップ 3 | ステップ2をクリアした学習者には、質問3〜5を日本語に翻訳してもらいましょう。質問3と4で「〜と」（または「〜たら」）を、質問5で「〜なら」を使って訳せたら、**レベル4以上**の学習者と判断してよいでしょう。できなければ、レベル3の学習者です。|

2 活動

> **学習者への指示文（訳）**
> 次のページにあるのは、あなたの家の近くにある2つの家電量販店のチラシです。2つの店は値段は違いますが、同じ商品を売っています。あなたはもらったばかりのボーナスで丸で囲んだ商品を買うことにしました。以下の質問に答えなさい。

語彙力の確認とレベルチェックが終わったら、いよいよ活動です。以下は学習者用の教材に書かれている指示文を翻訳したものです。指示に従って計算してみましょう。

学習者への質問内容（訳）
1. 3つの商品を全て同じ店で買うなら、どちらで買った方が得ですか。
   Ⓒ　テレビ　59,800円　＋　冷蔵庫　57,800円　＋　エアコン　83,800円
   　　　　　　　　　　　　　　　　　　　　　　（合計　201,400円）

UNIT 17 どちらがお得？　151

D　テレビ　58,800円　＋　冷蔵庫　58,600円　＋　エアコン　82,600円
　　　　　　　　　　　　　　　　　　　　　　　　　　（合計　200,000円）
　　　　　　　　　　　　　　　　　　　　　　　　　　　　　答え．D

　2. それぞれの商品をどちらか安い方の店で別々に買うなら、総額でいくらになりますか。
　　　　テレビ　　58,800円（D）
　　　　冷蔵庫　　57,800円（C）
　　　　エアコン　82,600円（D）
　　　　合計　　 199,200円

　3. Cストアでは会員になれば全ての商品を10%引きで買うことができます。Dストアでは値引きはしませんが、やはり会員になれば値段の15%がポイントになり、次の買い物をする時、値引きされます。会員になって、リストの商品を全て同じ店で買うなら、どちらで買った方が得ですか。Dストアで買う場合は、安くなるように買う順番を工夫してください。[注]
　　　C　テレビ　53,820円　＋　冷蔵庫　52,020円　＋　エアコン　75,420円
　　　　　　　　　　　　　　　　　　　　　　　　　　（合計　181,260円）
　　　D　エアコン　82,600円　＋　テレビ　46,410円　＋　冷蔵庫　51,638円
　　　　　　　　　　　　　　　　　　　　　　　　　　（合計　180,648円）
　　　　　　　　　　　　　　　　　　　　　　　　　　　　　答え．D

注　Dストアでは、買った商品の値段の15%がポイントになり、次の買い物をする時値引きされるので、高い商品から買うと安くなります。

各レベルの到達目標

レベル1の学習者
- 「（テレビは）CストアとDストアとどちらが安いですか」のような「（〜は）〜と〜とどちらが〜ですか」を使った質問に対して、「CストアよりDストアのほうが安いです」のように、「〜より〜のほうが〜です」を使って答えられるようになる。
- 「〜と〜とどちらが〜ですか」という文型を使って価格の違いや損得について質問できるようになる。
- 「半額になります」や「100円安くなります」のように、「〜になります」や「〜くなります」を使って値段がどう変わるか説明できるようになる。

レベル2の学習者
- 「会員になったほうがいいです」や「この店で買わない方がいいです」のように、「〜たほうがいい」や「〜ないほうがいい」を使ってよりよい選択について話せるようになる。また、

その前提として動詞を「タ形」や「ナイ形」に変換できるようになる。

レベル3の学習者
- 「会員になると、10%引きになります」のように、「〜と」を使って割引などのお得情報を説明できるようになる。
- 「子供が多いなら、洗濯機は大きい方がいいです」のように、「〜なら」を使って場合分けをした上でどちらが得か、よりよい選択はどちらかを説明できるようになる。

レベル4以上の学習者：154ページの「プリントで扱う文型・文法」を参照

活動の手順

1. 学習者を2〜3人の小さなグループに分け、みんなでいっしょに考えさせましょう。学習者が1人静かに考えることを好む場合は、まずは1〜3の計算を1人1人別々にさせ、その後、学習者同士で答え合わせをさせましょう。

2. 計算が終わったら、結果を日本語で報告させます。その際、答えだけではなく、以下の対話例のように、計算方法も話させるようにしましょう。

    レベル1の学習者の場合（質問2）
    T：全部でいくらですか。
    S：199,200円です。
    T：テレビはどこで買いますか。
    S：Dです。
    T：いくらですか。
    S：58,800円です。
    T：冷蔵庫は？
    S：Cで買います。57,800円です。
    T：エアコンは？
    S：Dで買います。82,600円です。

    レベル3の学習者の場合（質問3）
    T：どちらで買ったほうが安いですか。
    S：Cです。
    T：じゃあ、計算の内容を教えてください。
    S：Cで全部の値段は201,400円です。10%割引します。181,260円になります。
    T：なるほど。じゃ、Dはどうですか。

S：最初にエアコンを買います。エアコンは82,600円ですから、12,390ポイントもらえます。次にテレビを買います。テレビは58,800円ですが、エアコンのポイントを使います。46,410円になります。そして、6,962ポイントもらえます。最後に冷蔵庫を買います。冷蔵庫は58,600円ですが、テレビのポイントを使います。51,638円になります。全部で180,648円です。

3. 学習者が話した内容をホワイトボードに板書し、ポイントを整理しましょう。（学習者が書き写しやすいよう、できるだけ簡潔に書くようにしてください）。

3 プリント学習

　ここではレベルチェックと活動で断片的に学んできた語彙を整理し、かつレベルチェックで回避した文型・文法の学習をします。

1. 文法学習プリントを配付してください。

2. 学習者が答えを書き終わったら、間違いがないかチェックしてあげてください。その際、学習者に必ず自分が書いた答えを音読させましょう。

プリントで扱う文型・文法
- レベル❶　・「(～は)～と～とどちらが～ですか」【損得】
　　　　　　・「～より～のほうが～です」【損得】
　　　　　　・「～（イ形）くなります」「～（ナ形・名）になります」【損得】
　　　　　　　⇨「100円安くなります」「250円になります」
- レベル❷　・タ形、ナイ形の作り方
　　　　　　・「～た／ないほうがいいです」【よりよい選択】
- レベル❸　・「～と、～」【よりよい選択】
　　　　　　・「～なら、～」【よりよい選択】
- レベル❹　・「～Vより～Vたほうがいいです」【よりよい選択】
　　　　　　・「～なら～た／ないほうがいいです」【よりよい選択】

4 確認と練習

　プリントで学習した文型・文法を使って、ホワイトボードに板書した学習者の計算結果をもう一度話させましょう。2度目の練習ですから、1度目とは異なり、今度は内容と表現の両方に焦点を当てて話させるようにしてください。

5 リスニング

学習者への指示文（訳）
夫婦が家電量販店のチラシを見ながら、ボーナスで何を買うか話し合っています。二人は何を、どちらの店で買いますか。二人が買う商品を丸で囲みなさい。

1. まずは2人が何を買うかを聞き取らせましょう。会話はナチュラル・スピードですしレベル1の学生には理解できない語彙・表現も含まれているので、最初は面食らうかもしれませんが、商品名さえ聞き取れれば解答できるはずです。CDは何度聞いても構いません。

2. 学習者が解答を終えたら、答えを確認しましょう。レベル1の学習者はこれで終わりです。それ以外の学習者には以下の質問例を参考にもう少し細かな内容まで聞き取らせるようにしましょう。

質問の例
1. ベストカメラでコーヒーメーカーと電子レンジをいっしょに買うといくらになりますか。
2. この夫婦はどうして大きな洗濯機が必要ですか。
3. ベストカメラの電子レンジはいくらですか。
4. その他、内容理解を確認する質問

話題と活動の広げ方

○近所にあるスーパーや量販店で同じ商品がいくらで売られているかを調べ、値段を比較してみるのはどうでしょうか。また、話題を拡げ、学生の母国と日本とで物価の比較をしてみるのはどうでしょうか。単純比較をすれば、何でも日本の方が高いという結論になりそうですが、国によっては他の商品と比べて割高というものも少なくないはずです（例．ビールは安いが、水は高い）。

○マンションを借りる場合と同じ広さのマンションを買う場合とを比較し、何年以上住むなら買った方が得かを、みんなで考えてみるのはどうでしょうか。

UNIT 17 Shopping 価格

どちらがお得？

Which is the better deal?
哪个合算？

Check your level 水平測試

These are posters for two volume retailers that have recently opened up in the station forecourt area. Answer the questionnaire the teacher hands you.
这是车站前新建的两家量贩店的广告单。请回答老师所发问卷上的问题。

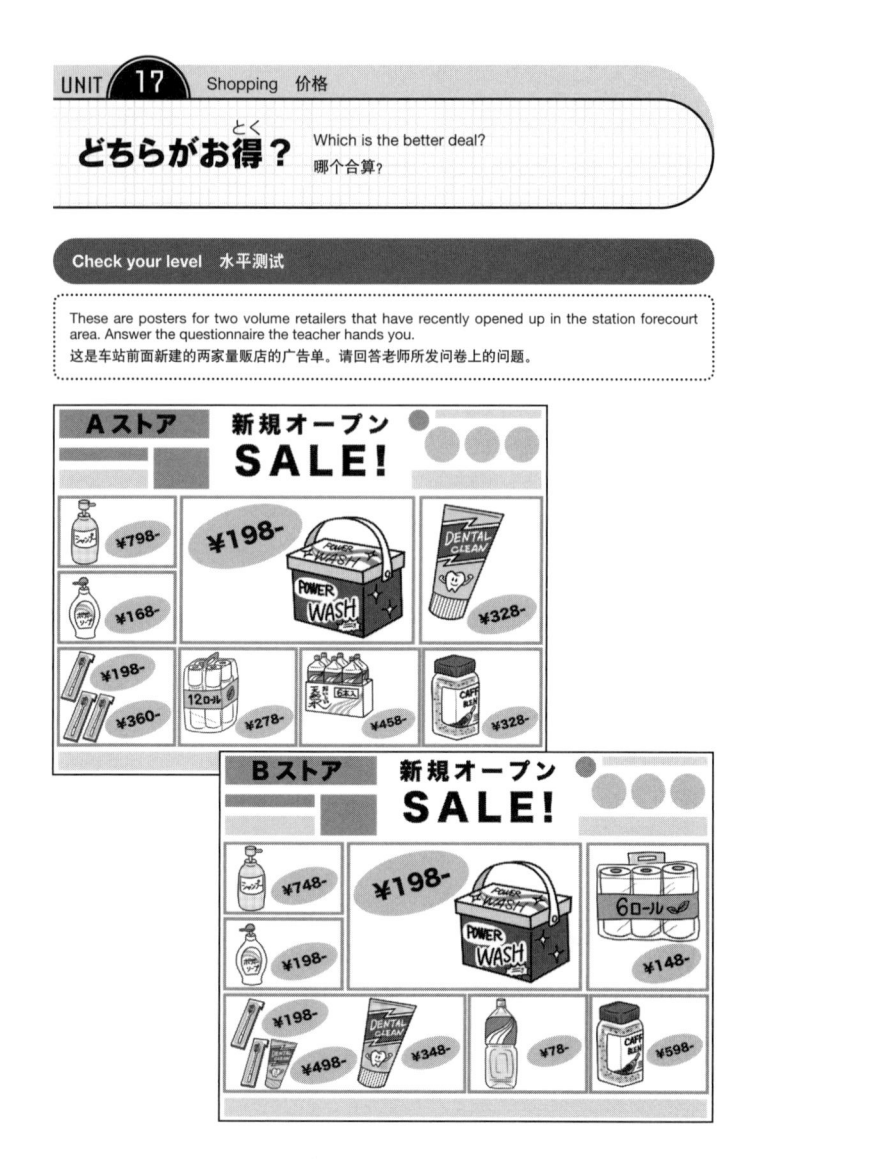

Aストア 新規オープン SALE!
¥198- ¥798- ¥168- ¥360- ¥278- ¥458- ¥328- ¥328-

Bストア 新規オープン SALE!
¥198- ¥748- ¥198- ¥498- ¥348- ¥598- ¥78- ¥148-

Activity 活動

On the next page, you will find posters for two volume electrical retailers near your home. Both shops have different prices, but sell the same products. Circle the products you have decided to buy with your recent bonus. Answer the following questions.
下一页刊登的是你家附近的两家家电量贩店的广告单。两个店的价格虽然不一样，但销售同样的商品。你决定用刚领到的奖金全去买列上圈儿的商品。请回答下面的问题。

1. If you buy all three products at the same shop, which would be the more economical option?
   如果 3 件商品都在同一家买的话，那在哪家店买比较合算？

	Cストア	Dストア
テレビ	円	円
れいぞうこ	円	円
エアコン	円	円

2. If you buy each product separately, at the store where it is cheaper, how much will you spend in total?
   如果把商品分开买。哪种商品哪家便宜就在哪家买。那一共要多少钱？

テレビ ☐円 + れいぞうこ ☐円 + エアコン ☐円

3. At Store C, if you get a store membership card, you can get a 10% discount on all products. Store D does not offer discounts, but if you join the membership card program you get 15% of the price in points, which are deductible the next time you go shopping. If you become a member and buy all the listed items at the same store, what would be the more economical option? If you use Store D, take care to buy things in an order that ensures a smaller bill.
在 C 店购物，只要成为会员，所有商品都可以打 10%的折扣。在 D 店购物，虽然不给打折，但所购商品都在同一家店购买的话，就可获得商品价格 15%的积分。下次购物时就可以使用这些积分。如果成为会员，所列的商品都在同一家店购买的话，那在哪一家店买合算？如果在 D 店买的话。好好想一想选购的顺序。看看先买什么，再买什么比较省钱。

	Cストア	Dストア
テレビ	円	円
れいぞうこ	円	円
エアコン	円	円

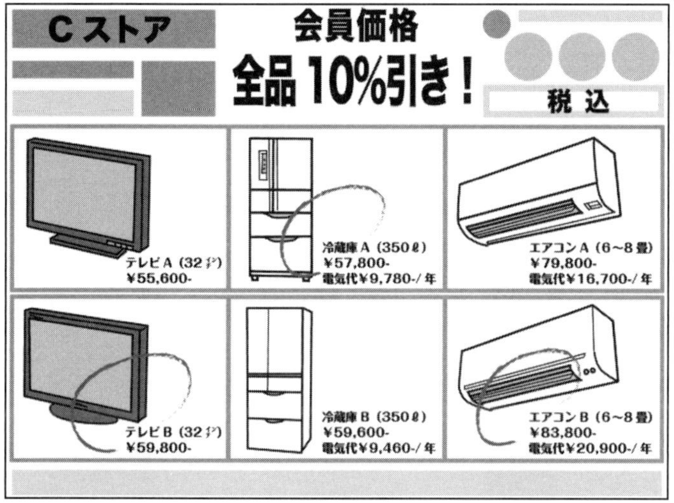

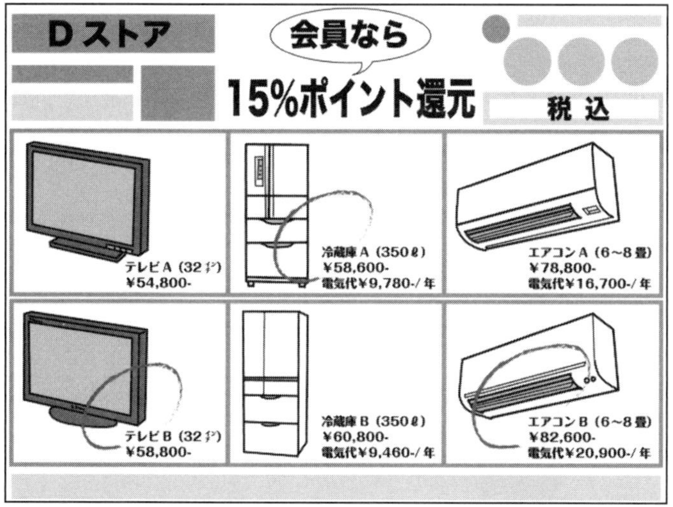

Listening 收听

While looking at posters for the volume electronics retailers, a couple discuss what to buy with their bonus. They talk about what to get where. Circle the products that the couple will buy.
夫妇两人在家电量贩店边看广告单边商量用奖金来买什么。两个人在哪家店买什么？把两个人要买的商品画上圈儿。
CD-44

グッド電器

掃除機 ¥15,800-	洗濯機 (9㎏) ¥77,800-
空気清浄機 ¥36,800-	コーヒーメーカー ¥3,980-
電子レンジ ¥25,000-	ビデオカメラ ¥30,980-

ベストカメラ

掃除機 ¥17,800-	洗濯機 (7㎏) ¥52,000-
空気清浄機 ¥31,800-	コーヒーメーカー ￥???
電子レンジ	ビデオカメラ ¥28,800-

Cストア　会員価格　全品10%引き！　税込

テレビA (32インチ) ¥55,600-	冷蔵庫A (350ℓ) ¥59,600- 電気代¥9,780-/年	エアコンA (6～8畳) ¥79,800- 電気代¥16,700-/年
テレビB (32インチ) ¥59,800-	冷蔵庫B (350ℓ) ¥59,600- 電気代¥9,460-/年	エアコンB (6～8畳) ¥83,800- 電気代¥20,900-/年

Dストア　会員なら　15%ポイント還元　税込

テレビA (32インチ) ¥54,800-	冷蔵庫A (350ℓ) ¥58,600- 電気代¥9,780-/年	エアコンA (6～8畳) ¥78,800- 電気代¥16,700-/年
テレビB (32インチ) ¥58,800-	冷蔵庫B (350ℓ) ¥60,800- 電気代¥9,460-/年	エアコンB (6～8畳) ¥82,600- 電気代¥20,900-/年

UNIT 17　どちらがお得？　157

UNIT 18 感想

街頭インタビュー

▶ はじめに

　これは日常の様々な経験（旅行など）について感想を聞いたり述べたりする活動です。まずは「レベルチェック」のイラストを見てください。ラーメン屋から出てきたお客さんにインタビューしていますね。店の前に行列ができているところを見ると、かなりの人気店のようです。さて、インタビュアーは何と聞き、人々は何と答えているでしょうか。「どうでしたか」「おいしかったです」でしょうか。もう少し詳しく答えるなら、「スープがおいしかったです」とか、「チャーシューがすごく大きくて、やわらかかったです」でしょうか。このように、ここでインタビューに必要な語彙や表現をどの程度知っているか確認した後、次の「活動」でじっくりと練習し、最後は身近な人に実際にインタビューさせてみましょう。

▶ 学習目標

● 感想を述べるのに必要な語彙（特にイ形容詞・ナ形容詞）を覚える。【語彙】
● その人なりの言い方で感想を求める相手の質問に答えられるようになる。【産出①】
● その人なりの言い方で相手に感想を求めることができるようになる。【産出②】
● インタビューで相手の述べた感想を聞き取れるようになる。【理解】

1 レベルチェック

学習者への指示文（訳）
テレビ局の人が街頭インタビューをしています。テレビ局の人は何を聞き、人々は何と答えていると思いますか。イラストを見て話しましょう。

　まずは語彙力の確認とレベルチェックです。学習者が吹き出しに入る言葉をいろいろ想像して言うので、まずはそれを聞きましょう。その時、何をどう話すかで学習者のレベルが判定できます。

ステップ1 　「ここのラーメン、どうでしたか」「おいしかったです」のように、イ形容詞やナ形容詞の過去形を使って答えられたら、一応**レベル2**の学習者と判断してよいでしょう。過去形を使わず「ここのラーメン、どうですか」「おいしいです」のよ

うに非過去形で答えた場合には、「ここのラーメン、どうで…?」や「おいし…?」などと文の出だしを言い、学習者の気づきを促してみましょう。それでもできなければ、レベル1の学習者です。

ステップ2　ステップ1をクリアした学習者には、「何がおいしかったですか（A）」「何が楽しかったですか（C）」とより詳しく聞いてみましょう。前者について学習者が「チャーシューです」のように答えたら、「チャーシューがどうでしたか」とさらに詳しく聞き、後者について「バーベキューです」のように答えたら、「バーベキューをしたんですね」と聞き返してください。その後、「チャーシューがやわらかかったです。おいしかったです。2つの文を1つにしてください」、あるいは「バーベキューをしました。楽しかったです。2つの文を1つにしてください」と言い、「チャーシューがやわらかくて、おいしかったです」「バーベキューをして、楽しかったです」のような、テ形を使った文の接続ができるか確認しましょう。問題なくできれば、一応**レベル3**の学習者と判断してよいでしょう。できなければ、レベル2の学習者です。

【解答例】　A：「チャーシューがやわらかくて、おいしかった」
　　　　　B：「スピードが速くて、こわかった」
　　　　　C：「バーベキューをして、楽しかった」など
　　　　　D：「海が青くて、きれいだった」
　　　　　　　「花がたくさん咲いていて、きれいだった」など

ステップ3　ステップ2をクリアした学習者には、今度はロールプレイをさせてみましょう。最初にあなたがインタビュアーになり、「ここのラーメン、いかがでしたか」などの丁寧語や「何を召し上がったんですか」のような尊敬語を使って質問をしてみましょう（文脈によっては「〜んですか」も使ってみてください）。学習者が質問の意味を理解し、適切に答えることができたら、役割を交代し、今度は学習者にインタビュアーの役割をさせます（文脈からの推測で答えている可能性もあるので）。その時、丁寧語や尊敬語を（文脈によっては「〜んです」も）問題なく使えれば、**レベル4以上**の学習者と判断してよいでしょう。できなければ、レベル3の学習者です。

2 活動

> **学習者への指示文（訳）**
> ここは羽田空港です。お正月休みを終えて帰ってきた人々にテレビ局の人がインタビューしています。テレビ局の人は何を聞き、人々は何と答えているでしょうか。ロールプレイをしてみましょう。

　語彙力の確認とレベルチェックが終わったら、いよいよ活動です。イラストを見て学習者が想像力を膨らませられるよう、上手にリードしてあげてください。

各レベルの到達目標

レベル1の学習者
- 「おいしかった」や「大変でした」のように、イ形容詞やナ形容詞の過去形を使って感想を述べられるようになる。
- 「もちつきが楽しかったです」のように、「（～は）～が～かったです／～でした」を使ってより詳しく感想を述べられるようになる。

レベル2の学習者
- 「～て、おいしかった」「～て、楽しかった」のように、テ形（イ形容詞・ナ形容詞・動詞）を使って文の接続（原因・理由）をし、より詳しく感想を述べられるようになる。また、その前提としてイ形容詞、ナ形容詞、動詞をテ形に変換できるようになる。
- 「海で泳いだり、ドライブしたりしました」のように、「～たり、～たりします」を使って、何をしたかをより詳しく述べられるようになる。また、その前提として動詞をタ形に変換できるようになる。

レベル3の学習者
- 「いかが」のような丁寧語や「召し上がる」のような尊敬語を使った質問を理解し、産出できるようになる。
- 「何をご覧になったんですか」のような「～んですか」を使った質問を理解し、産出できるようになる。

レベル4以上の学習者：161ページの「プリントで扱う文型・文法」を参照

活動の手順

1. 学習者を2～3人の小さなグループに分け、ロールプレイをさせてみましょう。

▶ところどころ日本語ではなく母語で話してしまうかもしれませんが、それでも構いません。

2. ひととおり終わったら、みんなの前で練習したばかりのロールプレイを披露させましょう。その後、今度はあなたが聞き役をし、もう一度ロールプレイをしてみましょう。会話が広がるよう、上手にリードしてあげてください。

3. ロールプレイをしている時、学習者があなたに質問してきた未知の語彙や知っていると便利だと思った表現をホワイトボードに板書しましょう（学習者が書き写しやすいよう、できるだけ簡潔に書くようにしてください）。

3 プリント学習

ここではレベルチェックと活動で断片的に学んできた語彙を整理し、かつレベルチェックで回避した文型・文法の学習をします。

1. 文法学習プリントを配付してください。

2. 学習者が答えを書き終わったら、間違いがないかチェックしてあげてください。その際、学習者に必ず自分が書いた答えを音読させましょう。

プリントで扱う文型・文法

- レベル❶
  - 形容詞の活用（過去）
  - 形容詞文（過去）【感想】
    ⇨「〜は〜が〜かったです／〜でした」
- レベル❷
  - テ形（動詞・形容詞・名詞）の作り方
  - 「〜（イ形）くて、〜かったです／〜でした」【感想】
  - 「〜（ナ形・名）で、〜かったです／〜でした」【感想】
  - 「〜Ⅴて、〜かったです／〜でした」【感想】
  - 「〜たり、〜たりしました」【活動の内容】
- レベル❸
  - 尊敬語【活動の内容】
  - 丁寧語【感想】
  - 「〜んですか」【活動の内容】
- レベル❹
  - 尊敬語、丁寧語
  - 「〜けど、〜て、〜（ら）れませんでした」【活動の内容】

4 確認と練習

プリントで学習した文型・文法を使って、もう一度ロールプレイをさせましょう。2度目の練習ですから、1度目とは異なり、今度は内容と表現の両方に焦点を当てて話させるようにしてください。

5 リスニング

学習者への指示文（訳）
2人の人がテレビ局のインタビューに答えています。以下のイラストを見ながら会話を聞き、間違いを探しなさい。その後、会話の中に出てきた感想を表す言葉を拾いなさい。

1. まずは2人の話を聞いて間違いを探し、その後で感想を表す語彙（イ形容詞・ナ形容詞）を拾わせましょう。会話はナチュラル・スピードですし、レベル1の学生には理解できない語彙・表現も含まれているので、最初は面食らうかもしれませんが、語彙だけに集中して聞けば十分拾えるはずです。CDは何度聞いても構いません。

2. 学習者が解答を終えたら、答えを確認しましょう。レベル1の学習者はこれで終わりです。それ以外の学習者には、テレビ局のインタビュアーをあなたが演じ、旅行から帰ってきた人を学習者に演じさせて、（正しい情報に基づいて）ロールプレイをしてみましょう[注]。

注 会話1と会話2はあくまでもモデルで、この2つの会話を覚えさせるということではありません。

話題と活動の広げ方

○「今までで一番うれしかったこと」や「日本で少しさびしかったこと」など、お互いの体験やエピソードを話してみるのはどうでしょうか。また、行ってみて「楽しかったところ」や「景色がきれいだったところ」など、お気に入りの場所を紹介するのもいいかもしれません。
○身近な人に「休日をどう過ごしたか」や「旅行の感想」などについてインタビューし、その結果を報告するのはどうでしょうか。

● 学習者用シート　サンプル

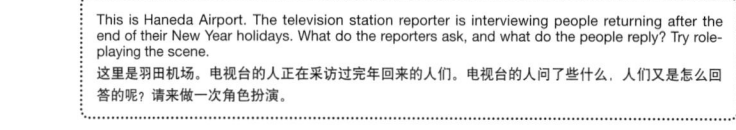

Activity 活动

This is Haneda Airport. The television station reporter is interviewing people returning after the end of their New Year holidays. What do the reporters ask, and what do the people reply? Try role-playing the scene.
这里是羽田机场。电视台的人正在采访过完年回来的人们。电视台的人问了些什么。人们又是怎么回答的呢？请来做一次角色扮演。

A

UNIT 18　Asking for opinions　感想

がいとう
街頭インタビュー　Street interviews
街头采访

Check your level　水平测试

A TV reporter is doing interviews on the street. What do you think he or she is asking, and what answers do you think he is getting? Base your answers on the illustrations.
电视台的人正在大街上进行采访。你认为电视台的人问了些什么。人们又是怎么回答的。请看着插图讲一讲。

A　B　C　D

UNIT 18　街頭インタビュー　163

Listening 收听

Two people are being interviewed by a TV station. Listen to their conversation while looking at the illustrations below, and try to spot the mistakes. After that, pick out the words that express the interviewee's feelings.

有两个人正在回答电视台的采访。看着下面的插图听他们的对话，找一找不一致的地方。然后，把会话中出现的表达感情的词语挑出来。

1 CD-45

2 CD-46

B

C

UNIT 19 好み

どんなのがほしい？

▶はじめに

　これは商品の色やデザイン、機能などについて自分の好みや希望を話す活動です。まずは「活動」のイラストを見てください。これは学習者が今度入居するワンルームマンションの室内です。まず、カーテン、カーペット、ベッドカバーの３つを好みの色に塗らせ、その後この部屋に置く家具をイラストから選ばせましょう。そして、どうしてそれを選んだのか理由を聞きましょう。また、吹き出しには「あったら便利だ」と思う機能（例えば「パネルのボタンを押すと、カーテンが自動的に閉まる」など）について学習者のアイデアを書かせてください。そして、このユニットの学習が終わったら、広告のチラシや雑誌を見ながら、どの商品がいいか話してみましょう。

▶学習目標

● 形や色、デザイン、機能について説明するのに必要な語彙を覚える。【語彙】
● その人なりの言い方で好きな色や形、デザインについて表現できるようになる。【産出①】
● その人なりの言い方でそれぞれどこがどういいのかを説明できるようになる。【産出②】
● 物の形や色、デザインを聞き取り、どの商品・製品について話しているか特定できるようになる。【理解】

1 レベルチェック

学習者への指示文（訳）
春から一人暮らしを始めるあなたは、毎日の生活に必要な台所家電を、カタログを見ながら選んでいます。A～Cの中からそれぞれ一番いいと思うものを選び、その後でなぜそれを選んだのか、理由を説明してください。

　まずは語彙力の確認とレベルチェックです。学習者が３つのデザインの中からそれぞれ好みのものを１つ選び、選んだ理由を説明するので、まずはそれを聞きましょう。その時、何をどう話すかで学習者のレベルが判定できます。

ステップ1 まず、どれを選んだのか話す時、学習者が「（この中で）Aが一番いいです」のように、比較の文型を使えるか確認しましょう。比較の文型を使わず「Aです」のように簡単に答えた時は、学習者にもあなたの選択について質問させましょう。この時、やはり比較の文型（=「（この中で）どれが一番いいですか」）を使わず、「先生はどうですか」のように尋ねてきたら、「私はBが一番好きです」のように答え、比較の文型を使うことをそれとなく伝えます。そして、2つ目の「炊飯器」について学習者の選択を聞く時、「○○さんはこの中でどれがいちばん好きですか」と（今度は比較の文型を使って）聞いてみてください[注1]。それを真似して比較の文型を使うようになれば、一応**レベル2**の学習者と判断してよいでしょう。それでもやはり使わなければ、**レベル1**の学習者です。

注1 この時「この中でどれがいちばん」の部分を少しゆっくり強調して発音するようにすると、こちらの意図が伝わりやすくなります。

ステップ2 ステップ1をクリアした学習者には、製品の機能についても説明してもらい、「パンが焼けます（作れます）」や「早く炊けます」などの可能形を使った発話ができるか確認しましょう。すぐに出て来なければ、2度目はあなたの方から「これはパンが焼けますか（作れますか）」と下線部をやや強調しながら質問してみてください。それを聞いて学習者が可能形を使うようになったら、一応**レベル3**の学習者と判断してよいでしょう。できなければ、**レベル2**の学習者です。

ステップ3 ステップ2をクリアした学習者には、その製品の機能を「このボタンを押すと、パンが焼けます」のように、「〜と」を使って説明できるか確認しましょう[注2]（聞き方は以下の対話例を参照）。難なくできれば、**レベル4以上**の学習者と判断してよいでしょう。できなければ、**レベル3**の学習者です。

注2 「〜ば」や「〜たら」を使って答えても正解ですが、「〜と」を知っているかどうかの確認はするようにしましょう。

対話例
T：このボタンは何ですか。
S：パンのボタンです。
T：パンのボタン？　何ができますか？
S：パンが焼けます。
T：そうですか。じゃあ、Sさん。「このボタンを押します」。「パンが焼けます」。2つの文を1つにしてください。
S：「このボタンを押すと、パンが焼けます。」

2 活動

> **学習者への指示文（訳）**
> ここはあなたが今度入居するマンションです。カーテン、カーペット、ベッドカバーの3つをあなたの好きな色で塗り、その後、この部屋に置く家具を右ページのイラストから選びなさい。また、吹き出しには「あったら便利だ」と思うこの部屋の機能についてあなたのアイデアを書きなさい。

　語彙力の確認とレベルチェックが終わったら、いよいよ活動です。まずは、学習者の好きなように、カーテンやカーペットに色をつけさせ、その後、好きな家具・家電を選ばせましょう。

各レベルの到達目標

レベル1の学習者
- 「（ソファは）AとBとどちらがいいですか」のような「（～は）～と～とどちらが～ですか」を使った質問に対して、「AよりBのほうがいいです」のように、「～より～のほうが～です」を使って答えられるようになる。
- 「（この3つの中で）どれがいちばんいいですか」のように、「（～の中で）どれがいちばん～ですか」を使って質問することができ、同時に「これがいちばんいいです」のように答えることができるようになる。
- 「これはおしゃれです」や「Cはデザインがいいです」のような形容詞文で、その製品を選んだ理由を説明できるようになる。

レベル2の学習者
- 「2人すわれます」や「Cは（本だけでなく）コップやお皿も入れられます」のように、「可能形」を使ってその製品の機能について説明できるようになる。また、その前提として動詞を「可能形」に変換できるようになる。
- 「大きいのがいいです」のように、形容詞に準体助詞「の」をつけて、その製品を選択した理由について説明できるようになる。

レベル3の学習者
- その製品に備わった機能について「暗くなると、電気がつきます」のように、「～と」を使って説明できるようになる。
- 「引き出しがたくさんついているのがいいです」や「3人すわれるのがいいです」のように、動詞にも準体助詞「の」をつけて、その製品を選択した理由について説明できるようになる。

レベル4以上の学習者：169ページの「プリントで扱う文型・文法」を参照

活動の手順

1. 学習者を2～3人の小さなグループに分け、みんなでいっしょにデザインさせましょう。学習者が1人静かに考えることを好む場合は、まずは1人1人別々にデザインさせ、後でそれぞれのデザインを見せ合い、説明させるようにしましょう。個人レッスンの場合には、以下の対話例のように、学習者が想像力を膨らませられるよう、時折質問を投げかけるなどして、上手にリードしてあげてください。

    レベル1の学習者の場合
    （学習者がカーテンをピンク色に塗っている）
    T：ピンクが好きなんですね。
    S：はい。
    T：他は何色が好きですか。
    S：赤とか、オレンジとか。
    T：どうしてその色が好きなんですか。
    S：う～ん、難しいです。でも、暖かい感じがあります。
    　（家具選び）
    T：テーブルはどれがいいですか。
    S：Aです。
    T：どうしてですか。
    S：これはデザインがいいです。
    T：Cもデザインがいいですよ。
    S：Cはだめです。部屋が小さいですから。（四角くないので、場所をとるという意味）
    T：そうですね。

2. デザインが完成したら、それを日本語で説明させます。その際、学習者の発話が広がるよう、「このデザインのテーマは何ですか」、「このスイッチを押すと、どうなりますか」、「ピンクが好きなんですね」などと、学習者のレベルに合わせた質問を適宜投げかけるようにしましょう。

3. 学習者が話した内容をホワイトボードに板書し、ポイントを整理しましょう。その際学習者が書き写しやすいよう、できるだけ簡潔に書くようにしてください。

3 プリント学習

　ここではレベルチェックと活動で断片的に学んできた語彙を整理し、かつレベルチェックで回避した文型・文法の学習をします。

1. 文法学習プリントを配付してください。

2. 学習者が答えを書き終わったら、間違いがないかチェックしてあげてください。その際、学習者に必ず自分が書いた答えを音読させましょう。

プリントで扱う文型・文法

- **レベル❶**
  - 「(～は)～と～とどちらが～ですか」「～より～のほうが～です」【好み】
  - 「(～の中で)～がいちばん～ですか」【好み】
  - 「～は～(が)～です」【選択理由】
    ⇨「これは便利です」「Aはデザインがいいです」など
- **レベル❷**
  - 可能形の作り方
  - 「(～は)～(ら)れます」【機能の説明】
  - 「～(形)のがいいです」(準体助詞)【好み】
    ⇨「きれいなのがいいです」
- **レベル❸**
  - 「～と、～ます」【機能の説明】
  - 「～Vのがいいです」(準体助詞)【好み】
    ⇨「～られるのがいいです」「～ているのがいいです」など
- **レベル❹**
  - 「～ば、～(ら)れます」【機能の説明】
  - 「～のと～のとどちらがいいですか」【好み】

4 確認と練習

　プリントで学習した文型・文法を使って、学習者が完成させたデザインについてもう一度話させましょう。2度目の練習ですから、1度目とは異なり、今度は内容と表現の両方に焦点を当てて話させるようにしてください。

5 リスニング

> **学習者への指示文(訳)**
> ある夫婦がデパートで買い物をしています。二人の会話を聞いてどの商品を選んだか記号で答えなさい。

1. まずは夫婦がどれを選んだか聞き取らせましょう。会話はナチュラル・スピードですし、レベル１の学生には理解できない語彙・表現も含まれているので、最初は面食らうかもしれませんが、商品のデザインを表す語彙と「〜より〜のほうがいい」などのレベル１の表現さえ聞き取れれば解答できるはずです。CDは何度聞いても構いません。

▶ CDを聞く前にイラストの商品について日本語で表現させ、語彙の確認をしておくと、聞き取りがより簡単になります。

2. 学習者が解答を終えたら、答えを確認しましょう。レベル１の学習者はこれで終わりです。それ以外の学習者には以下の質問例を参考にもう少し細かな内容まで聞き取らせるようにしましょう。

質問の例（会話１について）
1. 夫は最初にどのカーテンを選びましたか。
2. 妻はどのカーテンを選びましたか。
3. 夫はどうして（妻が選んだ）そのカーテンに反対しましたか。
4. その他、内容理解を確認する質問

話題と活動の広げ方

○ いっしょに雑誌や商品カタログを見ながら、お互いにどれがいいか、またそれのどこが気に入ったかを、みんなで話してみるのはどうでしょうか。
○「こんなものがあったらいいなあ」と思う物や「近い将来こんなことが出来るようになったらいいなあ」と思うことについて話してみるのはどうでしょうか。星新一のショートショートなどが参考になるかもしれませんね。

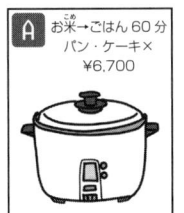

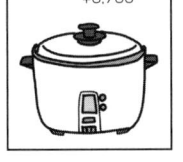

● 学習者用シート　サンプル

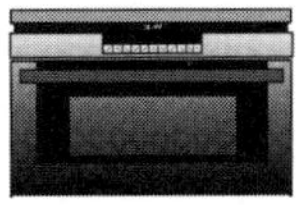

Activity 活动

This is the apartment that you are about to move into. Color in the curtains, carpet and bedspread with your favorite colors, and then choose from the illustrations on the right-hand page what furniture you want to put in the apartment. Then in the bubble below at left, write down ideas for things you would like to add for greater convenience.

这里是你这次要搬来住的公寓。先把窗帘、地毯、床单涂上你喜欢的颜色，再从右页插图中选出想放在这个房间里的家具。然后，在对白部分写上，关于自己认为这个房间"要是有就方便啦"的功能性的建议。

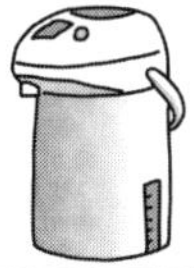

UNIT 19　どんなのがほしい？

Expressing preferences　喜好

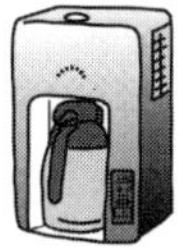

Which one do you want?
想要什么样的？

Check your level　水平测试

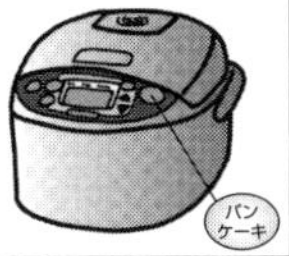

This spring, you have just started living alone. While looking at the catalogue below, choose the kitchen equipment you will need. Choose what you think is best in each category from items A–C, and afterwards explain the reason for your choice.

你从春天开始就要一个人生活了。现在正看着目录选每天生活所需的厨房家电。从 A～C 中，分别选出你认为最好的商品，然后再说说为什么挑选它们的理由。

ポット

A　お湯 10分　タイマー×　¥5,800
B　お湯 20分　タイマー○　¥6,800
C　お湯 20分　タイマー○　¥7,800

炊飯器（すいはんき）

A　お米→ごはん 60分　パン・ケーキ×　¥6,700
B　お米→ごはん 60分　パン・ケーキ○　¥13,800
C　お米→ごはん 30分　パン・ケーキ×　¥20,000

レンジ

A　オーブン×　600W　¥9,480
B　オーブン○　1,000W　¥26,800
C　オーブン○　600W　¥24,800

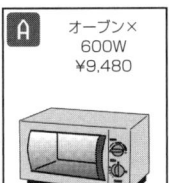

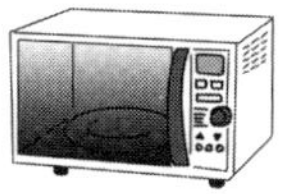

UNIT 19　どんなのがほしい？　171

Listening 收听

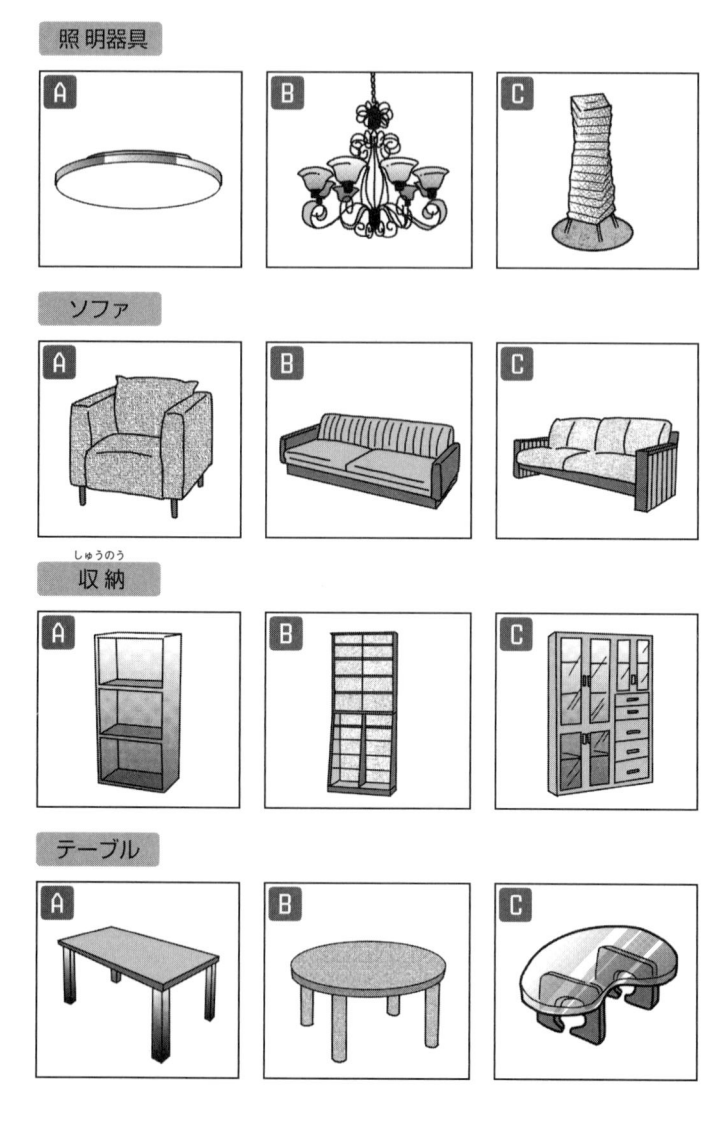

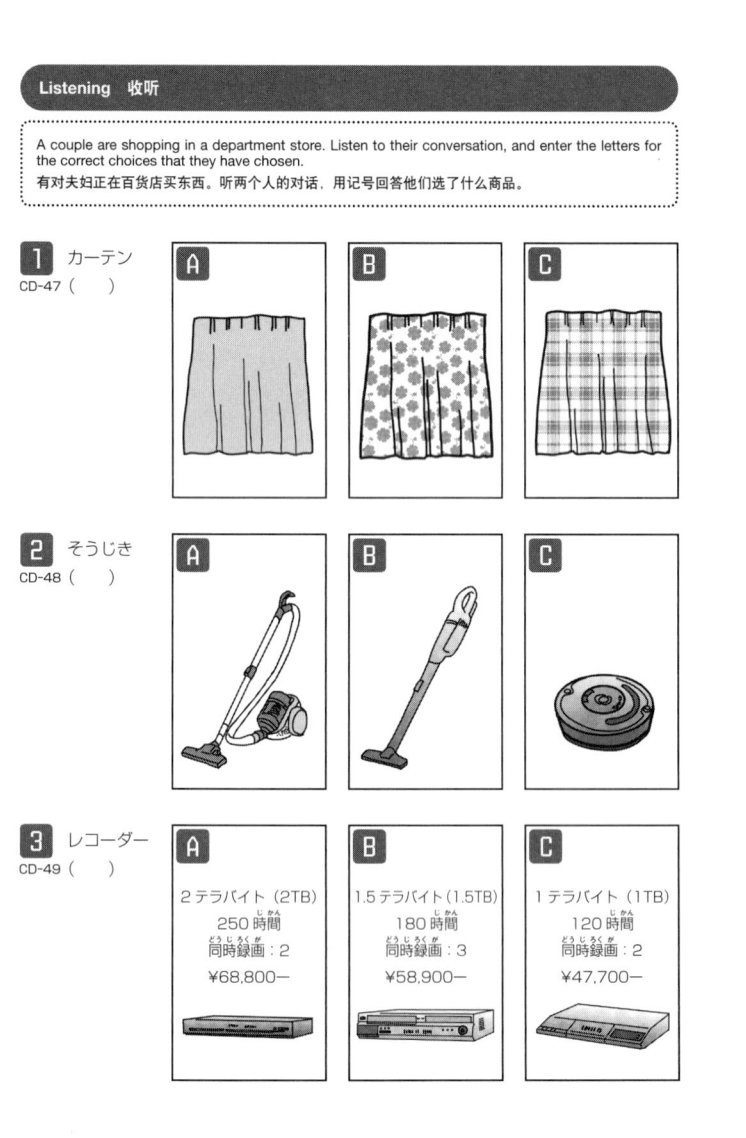

A couple are shopping in a department store. Listen to their conversation, and enter the letters for the correct choices that they have chosen.
有对夫妇正在百货店买东西。听两个人的对话，用记号回答他们选了什么商品。

1 カーテン （　） CD-47

2 そうじき （　） CD-48

3 レコーダー （　） CD-49

照明器具

ソファ

収納

テーブル

UNIT 20　休日

憩いの場

はじめに

　これは複数あるサービスの中からその人に合ったサービスを選ぶ活動です。まずは活動のページのカードのイラストを見てください。この複合施設には4種類のメンバーズ・カードがあり、カードによってサービス内容が異なっています。例えば、「ひまわりカード」は年会費は少し高めですが、全ての施設で何らかの特典があるマルチなカードです。他方、「あさがおカード」は年会費が安い分、駐車場や託児所、スポーツジムなどでは使えず、ショッピングセンターでの割引もありません。このように、カードによって年会費もサービス内容も大きく異なりますが、活動のページの4人にはそれぞれどのカードが適しているでしょうか。そして、このユニットの学習が終わったら、近所のスポーツジムやデパートのメンバーズ・カードのサービス内容を確認し、その施設をどのくらい利用すればメンバーになった方が得か、あるいは（複数のサービスがあるなら）どのコースが自分に一番適しているかを考えてみましょう。

学習目標

● 施設の名称やサービスの内容に関する語彙を覚える。【語彙】
● その人なりの言い方でその施設を利用する目的について説明できるようになる。【産出①】
● その人なりの言い方でサービスの内容について説明できるようになる。【産出②】
● その施設の利用目的やサービス内容を聞き、話者がどの施設を利用しようとしているか聞き取れるようになる。【理解】

1　レベルチェック

学習者への指示文（訳）
あなたが住んでいる町に来月新しい複合施設ができます。この施設ができたら、あなたはここへ何をしに行きますか。何をしたいですか。イラストを見て話しましょう。

　まずは語彙力の確認とレベルチェックです。学習者がイラストを見て話すので、まずはそれを聞きましょう。その時、何をどう話すかで学習者のレベルが判定できます。

ステップ1　学習者が「友だちと昼ごはんを食べます」「プールで泳ぎます」のように話したら、「私は週末家族と映画を見に行きます。○○さんは？」「私は生け花を習いたいです。○○さんは？」と（下線部をやや強調して）聞いてみてください。あなたを真似て「私は友だちと昼ごはんを食べに行きます」「プールで泳ぎたいです」と言い直せれば、一応**レベル2**の学習者と判断してよいでしょう。答えられなければ（あるいは、答えてはいるものの、意味を理解していないようなら）、レベル1の学習者です。

ステップ2　ステップ1をクリアした学習者には、例えば「私はここでいろいろします。例えば、図書館で本を読みます。プールで泳ぎます。私は図書館で本を読んだり、プールで泳いだりします。○○さんは？」と（やはり下線部をやや強調して）聞いてみましょう。それを聞いて同じように「～V たり～V たりします」を使った発話ができたら、次に「図書館は本を何冊借りられますか」「プールは何時まで泳げますか」と聞いてみましょう。可能形を使ったこれらの発話の意味を理解し、「○冊借りられます」「○時まで泳げます」と答えられたら、一応**レベル3**の学習者と判断してよいでしょう。どちらか1つでもできなければ、レベル2の学習者です。

ステップ3　ステップ2をクリアした学習者には、例えば「私はここで生け花を習おうと思っています。○○さんは？」と（下線部をやや強調して）聞いてみてください。あなたを真似て「私も日本語を勉強しようと思っています」「子供と遊ぼうと思っています」とスムーズに答えられたら、今度は「あなたは子供といっしょにここへ行きます。例えば、あなたが日本語を勉強している時、子供はどうしますか。何をさせますか」と、「させますか」の部分をやや強調して聞いてみてください。学習者が「4階で遊ばせます」「図書館で本を読ませます」などと使役形で答えられたら、**レベル4以上**の学習者と判断してよいでしょう。できなければ、レベル3の学習者です。

2　活動

> **学習者への指示文（訳）**
> 前頁の複合施設には便利なメンバーズカードがあります。以下の人たちにはどのカードが一番合っているか考えてみましょう。彼らがこの施設を利用する目的は2つずつありますが、わかっているのは1つだけです。もう1つは想像しなさい。

　語彙力の確認とレベルチェックが終わったら、いよいよ活動です。まずは、学習者にどのカードが誰に合っているかを考えさせましょう。その後、なぜそう考えるのか理由を話させましょ

う。また、学習者自身がこの施設を利用するなら、どのカードが一番いいかも考え、話させてみましょう。

各レベルの到達目標

レベル1の学習者
- 「(文化教室で)絵を習いたいです」や「(レストランへ)昼ごはんを食べに行きます」のように、「(〜で)〜たいです」や「(〜へ)〜Vに行きます」などの文型を使って、その施設を利用する目的を説明できるようになる。
- 「(メンバーは)駐車場が無料になります」や「(メンバーは)映画が安くなります」のように、「(〜は)〜が〜になります／〜くなります」などの文型を使って特典の内容を説明できるようになる。

レベル2の学習者
- 「プールで泳ぐつもりです」のように「〜つもりです」を使って、その施設を利用する目的について説明できるようになる。また、その前提として動詞を辞書形に変換できるようになる。
- 「映画を見たり、買い物したりします」のように「〜Vたり、〜Vたりします」を使って、その施設を利用する目的について説明できるようになる。また、その前提として動詞をタ形に変換できるようになる。
- 「(メンバーは)無料で託児所を使えます」や「(メンバーは)本を5冊借りられます」のように、可能形を使って特典の内容を説明できるようになる。また、その前提として動詞を可能形に変換できるようになる。

レベル3の学習者
- 「絵を習おうと思っています」や「子供と遊ぼうと思っています」のように、「〜V(よ)うと思っています」を使って、その施設を利用する目的を説明できるようになる。また、その前提として動詞を「意向形」に変換できるようになる。
- 「4階で子供を遊ばせます」「図書館で子供に本を読ませます」のような使役形を使った発話を理解・産出できるようになる。また、その前提として動詞を「使役形」に変換できるようになる。

レベル4以上の学習者：176ページの「プリントで扱う文型・文法」を参照

活動の手順

1. 学習者を2〜3人の小さなグループに分け、みんなでいっしょに考えさせましょう。学

習者が1人静かに考えることを好む場合は、まずは1人1人別々に考えさせるようにしましょう。そして、その後で各自の考えを説明させましょう。

2. 各自の考えがまとまったら、それを日本語で説明させます。その際、話題が広がるよう、「(あなたなら/あなたは) 1週間に何回ぐらい買い物しますか」、「(あなたなら/あなたは) ここで何をしようと思っていますか」などと、学習者のレベルに合わせた質問を適宜投げかけるようにしましょう。

3. 学習者が話した内容をホワイトボードに板書し、ポイントを整理しましょう（その際、学習者が書き写しやすいよう、できるだけ簡潔に書くようにしてください）。

3 プリント学習

ここではレベルチェックと活動で断片的に学んできた語彙を整理し、かつレベルチェックで回避した文型・文法の学習をします。

1. 文法学習プリントを配付してください。

2. 学習者が答えを書き終わったら、間違いがないかチェックしてあげてください。その際、学習者に必ず自分が書いた答えを音読させましょう。

プリントで扱う文型・文法

レベル❶
・「〜たいです」【利用目的の説明】
・「〜へVに行きます」【利用目的の説明】
　⇨「レストランへ昼ごはんを食べに行きます」
・「(〜は) 〜が (イ形) くなります」「(〜は) 〜が (ナ形・名) になります」【特典内容の説明】
　⇨「映画が安くなります」「駐車場が無料になります」

レベル❷
・辞書形、タ形、可能形の作り方
・「〜つもりです」【利用目的の説明】
・「〜たり、〜たりします」【利用目的の説明】
・「〜 (ら) れます」【特典内容の説明】

レベル❸
・意志形、使役形の作り方
・「〜 (よ) うと思っています」【利用目的の説明】
・「子供に〜 (さ) せます」「子供を〜 (さ) せます」【利用方法の説明】

レベル❹
・「子供が〜ている間、私は〜 (よ) うと思っています」【利用方法の説明】
・「私が〜ている間、子供は〜 (さ) せます」【利用方法の説明】

・「～人には～が～です」【特典内容の説明】

4 確認と練習

　プリントで学習した文型・文法を使って、ホワイトボードに板書した学習者の考えをもう一度話させましょう。2度目の練習ですから、1度目とは異なり、今度は内容と表現の両方に焦点を当てて話させるようにしてください。

5 リスニング

> **学習者への指示文（訳）**
> 駅前の複合施設ができたら、どの施設を利用するか、3人の人が話しています。3人が利用する施設をA～Ⅰの中から選びなさい。

1. まずは3人が何をするつもりか聞き取らせましょう。会話はナチュラル・スピードですし、レベル1の学生には理解できない語彙・表現も含まれているので、最初は面食らうかもしれませんが、商品のデザインを表す語彙と「～より～のほうがいい」などのレベル1の表現さえ聞き取れれば解答できるはずです。CDは何度聞いても構いません。

2. 学習者が解答を終えたら、答えを確認しましょう。レベル1の学習者はこれで終わりです。それ以外の学習者には以下の質問例を参考にもう少し細かな内容まで聞き取らせるようにしましょう。

質問の例（会話1について）
　1. この人はどうして文化教室で生け花を習いたいですか。
　2. スポーツクラブのメンバーになると、どんないいことがありますか。
　3. この人は1週間に何回ぐらい泳ぐつもりですか。
　4. その他、内容理解を確認する質問

> **話題と活動の広げ方**
>
> ○学習者の持っているポイントカードやメンバーカードにどのような得点がついているのか聞いてみるのはどうでしょうか。
> ○図書館やスポーツジムに行き、「どのくらいの期間、何冊借りられるか」や「何時から何時まで利用できるか」などを質問するロールプレイをしてみるのはどうでしょうか。

●学習者用シート　サンプル

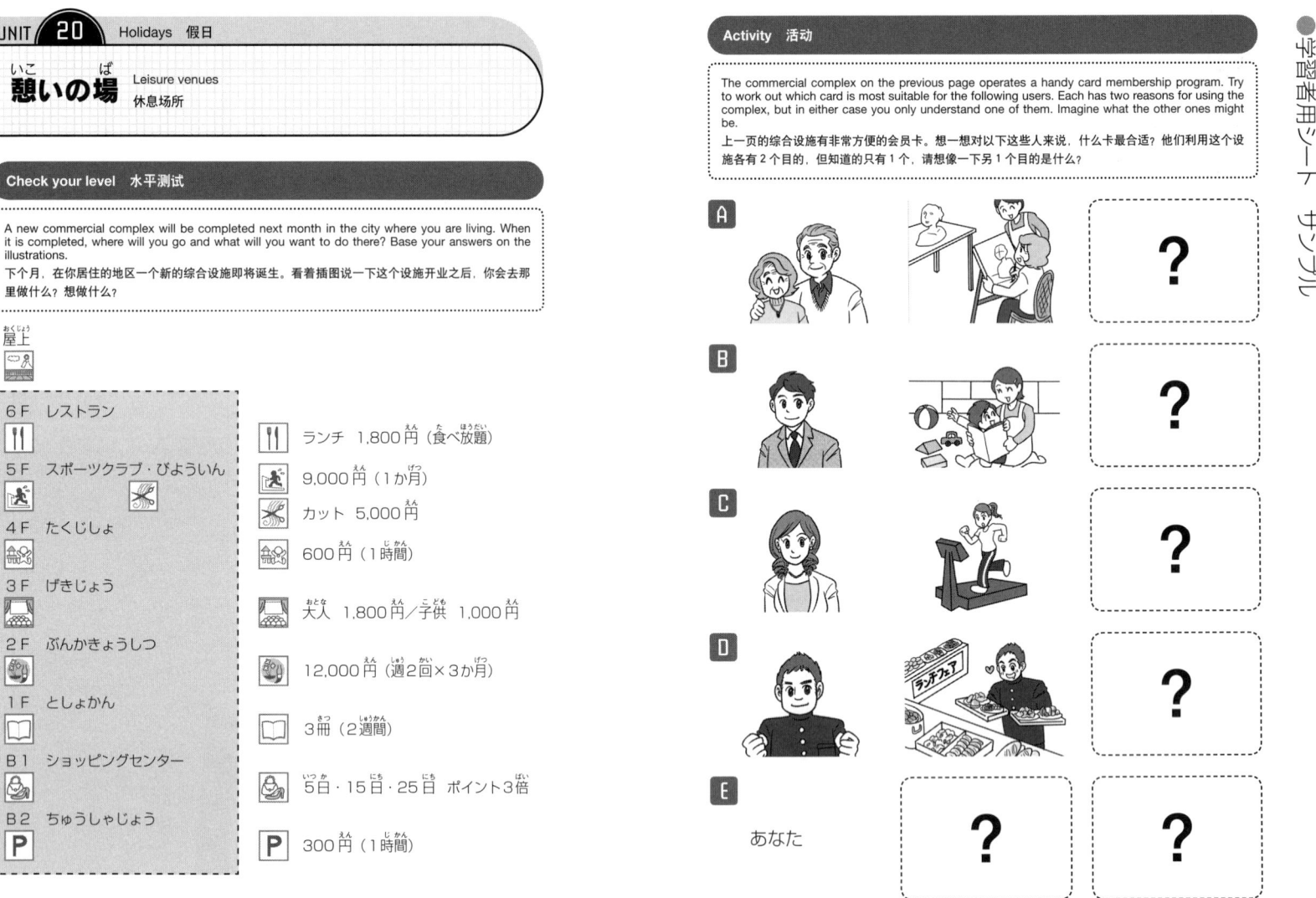

Activity 活動

The commercial complex on the previous page operates a handy card membership program. Try to work out which card is most suitable for the following users. Each has two reasons for using the complex, but in either case you only understand one of them. Imagine what the other ones might be.
上一页的综合设施有非常方便的会员卡。想一想相对以下这些人来说，什么卡最合适？他们利用这个设施各有2个目的，但你知道的只有1个。请想像一下另1个目的是什么？

A
B
C
D
E
あなた

UNIT 20 Holidays 假日

憩いの場

Leisure venues 休息场所

Check your level 水平测试

A new commercial complex will be completed next month in the city where you are living. When it is completed, where will you go and what will you want to do there? Base your answers on the illustrations.
下个月，在你居住的地区一个新的综合设施即将诞生。看著插图说一下这个设施开业之后，你会去那里做什么？想做什么？

屋上

6F レストラン　🍴　ランチ 1,800円（食べ放題）
5F スポーツクラブ・びようしん　✂　9,000円（1か月）／カット 5,000円
4F たくじしょ　　600円（1時間）
3F げきじょう　　大人 1,800円／子供 1,000円
2F ぶんかきょうしつ　　12,000円（週2回×3か月）
1F としょかん　　3冊（2週間）
B1 ショッピングセンター　　5日・15日・25日 ポイント3倍
B2 ちゅうしゃじょう　P　300円（1時間）

Listening　收听

After the commercial complex in the station area is built, three people are discussing what facilities they will use. Choose from A-I the facilities they plan to use.
3个人正在说，车站前面的综合设施建好之后，要去利用哪些设施。请从 A ~ I 中选出他们要利用的设施。

1 CD-50

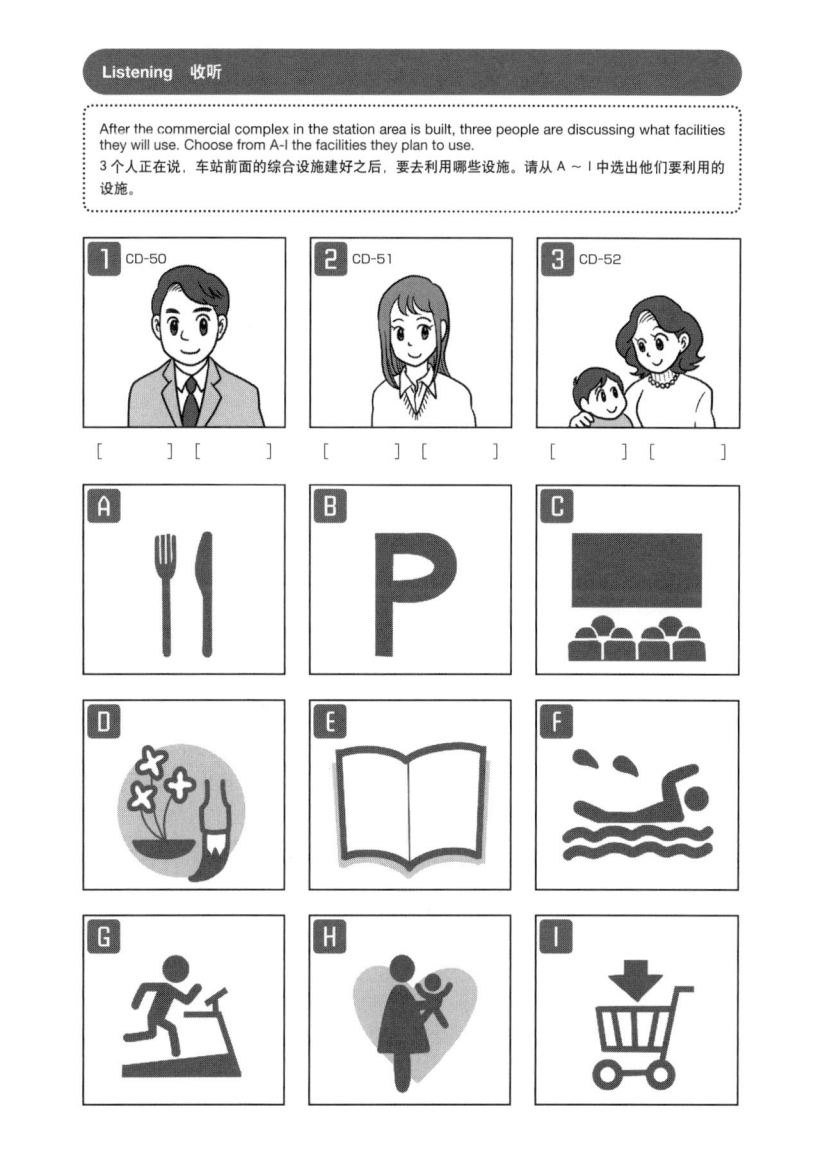

2 CD-51

3 CD-52

A／B／C／D／E／F／G／H／I

ひまわりカード

会費 10,000円／年

🍴 1,500円 → 6,000円
✂ 4,000円 → 0円
🛒 1,000円 → 9,000円
📖 5冊（1か月）
Ｐ 0円 → 10% off

さくらカード SAKURA CARD

会費 6,000円／年

🍴 1,500円 → 6,000円
✂ 4,000円 → 300円（1時間）
🛒 1,500円 → 9,000円
📖 ——
Ｐ 150円（1時間） → 5% off

もみじカード

会費 3,000円／年

🍴 ——
✂ 900円 → ——
🛒 —— → 6,000円
📖 ——
Ｐ 0円 → 5% off

あさがおカード あさがお CARD

会費 3,000円／年

🍴 900円 → ——
✂ 900円 → ——
🛒 —— → ——
📖 5冊（1か月）
Ｐ ——

UNIT **20**　憩いの場　179

著者
小山　悟（こやま　さとる）

　　九州大学留学生センター准教授。博士（日本語学・日本語教育学：名古屋外国語大学）。
　　南山大学大学院修士課程（日本語教育専攻）修了後、同大学外国人留学生別科非常勤講師、
　　九州大学留学生センター専任講師を経て現職。専門は日本語教育、第二言語習得論。
　　著書に『J.BRIDGE to Intermediate Japanese』『J.BRIDGE for Beginners Vol.1＆2』（いずれ
　　も凡人社）など。

イラスト
Creative0 株式会社　藤川悠希

装丁・本文デザイン
株式会社オセロ　吉成美佐

UNIT 7　写真提供
熊本城　　熊本市観光振興課
大浦天主堂　長崎県観光連盟　　＊写真撮影・掲載に当たっては大司教区の許可をいただいています。
バルーンフェスタ　佐賀市観光協会　　　桜島　　鹿児島市
別府温泉　別府市観光協会　　　　　　青島海岸　宮崎市観光協会
栗林公園　香川県観光協会　　　　　　道後温泉　愛媛県
桂浜　　高知市観光協会

イラスト満載！
日本語教師のための活動アイディアブック

2015年10月15日　初版第1刷発行
2022年11月14日　第3刷発行

著　者　　小山　悟
発行者　　藤嵜政子
発　行　　株式会社スリーエーネットワーク
　　　　　〒102-0083　東京都千代田区麹町3丁目4番
　　　　　　　　　　　トラスティ麹町ビル2F
　　　　　電話　営業　03（5275）2722
　　　　　　　　編集　03（5275）2725
　　　　　https://www.3anet.co.jp/
印　刷　　萩原印刷株式会社

ISBN978-4-88319-718-7　C0081
落丁・乱丁本はお取替えいたします。
本書の全部または一部を無断で複写複製（コピー）することは著作権法
上での例外を除き、禁じられています。

スリーエーネットワークの日本語教材

■ 日本語教室で学ぶ外国人のための初級教材の続編

新装版 いっぽ にほんご さんぽ
暮らしのにほんご教室 初級1

にほんごの会企業組合、宿谷和子、天坊千明 ● 著
B5判 197頁 補助教材ダウンロード（音声・語彙リスト等）
※語彙リスト 英語・中国語・韓国語・ベトナム語訳付き
2,640円（税込）〔ISBN978-4-88319-791-0〕

新装版 いっぽ にほんご さんぽ
暮らしのにほんご教室 初級2

にほんごの会企業組合、宿谷和子、天坊千明、森桂子 ● 著
B5判 233頁 補助教材ダウンロード（音声・語彙リスト等）
※語彙リスト 英語・中国語・韓国語・ベトナム語訳付き
2,640円（税込）〔ISBN978-4-88319-785-9〕

いっぽ にほんご さんぽ
暮らしのにほんご教室 初級3

にほんごの会企業組合、宿谷和子、天坊千明、森桂子 ● 著
B5判 239頁 補助教材ダウンロード（音声・語彙リスト等）
※語彙リスト 英語・中国語・韓国語・ベトナム語訳付き
2,640円（税込）〔ISBN978-4-88319-776-7〕

■ 外国人の日本語学習をサポート

日本語 おしゃべりのたね 第2版

西口光一 ● 監修　澤田幸子、武田みゆき、福家枝里、三輪香織 ● 著
B5判 130頁＋別冊（「ユニット1〜20」の活動の手引き、
「日本語文法への入り口」活動の手引き）29頁
1,760円（税込）〔ISBN978-4-88319-585-5〕

■ 楽しく学習したい入門レベルの学習者に最適

日本語20時間 Now You're Talking!
― Japanese Conversation for Beginners ―

宮崎道子、郷司幸子 ● 著
B5判 150頁＋教師用手引き13頁　CD 1枚付
2,090円（税込）〔ISBN978-4-88319-273-1〕

スリーエーネットワーク

ウェブサイトで新刊や日本語セミナーをご案内しております。
https://www.3anet.co.jp/